# 親鸞と救済

本多弘之

春秋社

# まえがき

仏教といえば、菩提（さとり）で表現される自覚教であるとされる。基本的に人間の自覚自証に呼びかける教えだとされているのである。しかるに浄土教、なかでも本願の教えは、人間に救済を与えるものだと理解されている。特に、日本の浄土教は、阿弥陀仏の名号を称えれば浄土に生まれてたすかる救済教だとされているのである。そこに救済と自証ということが、対立する概念のごとくに現れてくる。

その教えを日本で開いた源空（法然）の門下であった親鸞は、その教えの内実を、『無量寿経』の本願に依って確認し、仏教本来の自覚自証が、「凡夫としての自己」に成り立つことを明らかにした。すなわち、自覚の教えと救済の教えの両面に潜む人間のおごりや甘えを克服して、本願を根拠にして、凡夫であるという自覚において、しかもその身において大涅槃を確証しうる、ということを明らかにされた。その親鸞の思想的内容を解明することは、容易なことではない。その営為を現代に公開するなどということは、とても無理なことであるとも思われる。

しかるに因縁によって、そういう仕事に魅力を感じて、引き込まれた人間の一人として、私のような者がこの著書を発行する由来を述べさせていただくこととする。

この度（二〇二四年）、親鸞講座を筆者が始める縁をいただいてから四十年になるのを記念して、祝賀会を催していただくことになった。この二、三年はコロナウイルスの蔓延で、講座の会場が閉鎖される憂き目に遭い、親鸞講座も開催することができなくなっていたのであったが、最近になり講座が再開された。この講座を開始（一九八四年十月）して以来、四十年になるということで、記念行事として祝賀会を開催したいとのことである。

四十年も経過したのであるから、初めに参加して下さった方々も多くはお亡くなりになったり、外出が困難になったりして、講座の聴講者はほとんど入れ替わり、新たに参加していただいた方が大半である。四十年前の会場は、当時、大谷派の東京別院であった浅草の土地の一角に、東京教区の教区会館なる建物が存在し、そこで最初の二期二十回（年に十回）が開催された。

折から浅草の別院が宗派から離脱して会場が使えなくなったため、講座はそれで終了かと思われたが、当時開催主体であった東京教務所の担当者が、本郷の東京大学仏教青年会にお願いして（一九八六年十月）、それ以後一年に十回、毎月の第二土曜日、仏青講堂を使わせていただいてきたことである。

夏の二ヶ月は講座が休みになるので、担当者が一泊研修を企画し、群馬県にある沢渡温泉に寄って年度の結びのような会を開催してきた。担当者が入れ替わり、箱根湯本の温泉に一泊研修の開催場所を変更し、マンネリ化していた講座の気分を一新して、講座を継続してくることができた。

四十周年の記念行事を開催していただくのを縁として記念の出版をして、皆さんのご厚意にお応えるべく、以前に『〈親鸞〉と〈悪〉』を原稿にしてくださった聞法者の山口孝さんにご相談申し上げたところ、早速調査してくださり、夏の研修会の箱根での三年分が存在するので、これを当ててはどうかとお勧めをいただき、その原稿化をもお引き受けくださった。ありがたくお任せしたことである。

春秋社様には、一〇五周年記念の出版として、安田理深先生の『唯識論講義』上・下を再販して下さることになり、その縁に寄せて、筆者の新著『親鸞と救済』も発行していただけることになった。編集部の水野柊平氏には、両著の編集作業を通してお世話になった。

ここに出版の因縁を記すに当たり、出版事業の困難な時代なのにもかかわらず、この両著の出版を快くお引き受けくださった春秋社の皆様には、この場をお借りして、感謝の意を述べさせていただくこととする。

本多弘之

二〇二三年十二月

親鸞と救済

目次

## 第三講　回向の欲生心

# 親鸞と救済

# 第一講　金剛の真心

去年（二〇一一年）の夏の一泊研修会では、三月の大震災と、その大災害が引き金となって起こった福島第一原発事故ということがありました。

罪悪深重の凡夫という言葉が「信巻」の初めに押さえられていますが、親鸞聖人が罪悪深重の凡夫ということを押さえる場合には、時代を超えて何時の時代であろうとも、人間として生きることは、罪悪深重なのだということなのです。

特に現代において、我々はこの罪悪深重の凡夫という言葉を、もう少し時代の課題、現代の人間の問題として考え直して、この大事故の問題に取り組まなければならないのではないかというようなお話をいたしました。

その後の一年の間には、いろいろなことが私個人の上に起こりました。

今年（二〇一二年）の六月には、思いもかけず董理院董理と講師（真宗大谷派の学階の最高位）を拝受するということがあり、その祝賀会をやっていただきました。その会の記念品として春秋社さんから、一冊の本（『〈親鸞〉と〈悪〉』）を出版していただけるということになり、それを皆さまに記念品としてお持ち帰り願ったことでした。

それと時期を同じくして、安田理深先生の唯識論講義の出版も春秋社に引き受けて頂きました。安田理深先生は、昭和五十七年（一九八二）二月にお亡くなりになって、すでに丸三十年になろうという時に、先生が晩年に講義された『唯識論』の講義録が、整理されてノートになっているにもかかわらず、世の中に出ていないということがあって、これは、非常に残念なことでもあるし、また、先生が亡くなって三十年にもなって、先生のなされた大事な思想的なお仕事を今の時点まで出版されていないことでは、申し訳ないということから、校正、編集の作業を進めるというご縁ができました。これを『安田理深　唯識論講義』上・下として二〇一二年六月と七月に春秋社から出版して頂くことができました。

## 現代が持つ病巣

現代の時代情況はといえば、資本主義社会が、近代に入って戦争に次ぐ戦争、そして何回もの大不況を乗り越えながらも、資本主義経済が、世界中を巻き込んで、資本主義以外に経済体制はないということになってきました。

オルターナティブ（alternative）がない。これに替わるべき経済体制がないということになっています。それに取り替わるべき経済体制として社会主義が、一時は旋風を起こし、資本主義に抵抗したものの、その争いに敗れて、現在では資本主義という経済システム以外には、良い方法が見つかっておりません。

そういう情況の中で、その世界経済が落ち込んでいく時には、必ず大戦争が引き起こされ、あるいは地域戦争が引き起こされ、科学がそれに役立つ武器を開発し、それによって科学的な知識が広がり、新しい分野が開かれていくという結果になってきました。

そういうことを繰り返しながら、二十一世紀を迎えた年、二〇〇一年九月十一日に、資本主義経済の中心のニューヨークで、あの自爆テロが起こりました。大型旅客機を乗っ取って、アメリカ経済の中枢である二つのワールドトレードセンター（World Trade Center）ビルに突っ込んで、ビルの崩壊によってそのビルで働いていた何千人という方が一挙に亡くなられた。

そういうことが起こって、その後また、アメリカの経済自身が行き詰まって、いわゆるリーマンショックとかいうようなことが起こりました。

何か、世界中を動かして来た資本主義の経済システムが、もがきだしたような感じさえいたします。これまで戦争をやっては、大きく伸びるということであったのが、今後万一、原爆や水爆を使って戦争ということになったら、地球は破滅するというようなところまで来ています。科学文明というものが、人間を最終的には抹殺してしまう。人類の生命の継承を断絶してしまうような武器を作ってしまった。人類を絶滅させてしまうようなところまで、進んで来てしまった。

進歩というけれど、それを進めていったら、これはもう人間がやって良い領域なのか、どうなのかということを、人間自身が考えなければならないのだけれども、そのことを人間自身が反省して止めるなどということができない事態になっています。

臓器移植、新薬の開発、農薬問題、エネルギー問題、そして経済システムの問題や廃棄物（いわゆるゴミ）処理の問題など、いろいろな問題が、一部手直しをして、どうにかしていくというような知恵が、行き詰まってきています。どうも、そういう時機に、たまたま、日本で、千年に一度の大震災が起きたということでした。

これを一過性の、たまたま起こったことだから仕方ない、それを再建していけば良いのだというような浅いレベルで考えて対応していって良いのだろうか。そんなことを私が考えてみても、どうも良く分からないのですけれど、何がどうなっていくのだろうかということです。

若い科学者が、人類の為になると思って、科学に携わろうと思うことがあるかも知れないけれど、この状態で科学を自分の仕事にするということがどういうことなのか。もっと便利に、もっと生活に都合良くなるようなことを開発するために自分の一生を捧げるというようなことに何の意味があるのか。そのようなことが、問われても誰も答えられないような事態にまで来ているのではないかと思うのです。

私は、広島だったか、長崎だったかの原爆資料館の展示を見てびっくりしたのですけれど、この資料によると、現在アメリカとソビエトがもっている原水爆の量というものは、地球規模の惑星を一つだけ破壊するどころではない。地球を六つぐらい絶滅させるに足るだけの原爆・水爆の量があるというのです。そのようなものを抱えて、お互いに脅しあっているという状態らしいのです。

そういう状態の中でお互いににらみ合いながら、やったらやるぞというような脅しあいをやっている。また、中国が原爆をすでに所蔵しているし、さらにはイスラエルやら、イランやらというような国々が、原爆を作りつつあるという。

生命の絶滅に荷担するような方向で、自分の国の相対的な地位を上げようとしているのです。個人レベルであれば、自分の命をかけて何かを成し遂げるということがあるかも知れませんけれど、人類を破滅させることをかたに取って、自分たちの国の威を張るというようなことが、一体許されるのでしょうか。

アメリカやソ連は、自分たちが既に持っていて、他の国が作ることはいけないと言っているのですけれど、自分の国がもっているのを少し減らそうとは言っているけれど、少しぐらい減らしても、古いものをちょっと処分する程度であって、絶対量を減らすなどということは考えられません。そういうような状態ですから、怖ろしいというか、人間の理性などというものが、どこまで信頼できるのか。理性に欲が絡んで、その欲を動かすシステムが作動しだした時には、止めようがないのでしょう。

そういうことが、いろいろな形で出てきています。その一つが食糧危機の問題であるし、エネルギー危機の問題でしょう。

今朝、たまたま、テレビを見ていましたら、千葉県の外房の御宿という町のはずれにあるらしい場所を映していました。あの辺は、牧畜が盛んらしいのですが、牧畜といっても野原に放牧して育てる広い原野があるわけではありませんから牛舎で飼って、牛舎で餌を与える。子牛の時に、どうしているのかなと思ったのです。

北海道では、私の知り合いで、牧畜をやっている人がありまして、村でというか、今では町と言っていますけれども、町で預かる形で子牛を放牧する。春から秋まで放牧して、育てて持ち主に返すという。そういう期間を設けています。北海道は、広い原っぱがまだ残っていて、そこで、大きくなるまでは、自然の牧草を食べさせて育てているのです。それで、出荷する前には、たっぷりと栄養のあるものを食べさせるということらしいのです。

その時は、アメリカ産のトウモロコシとかを輸入して与えるのだと、そうやって肉牛を育てるというのです。日本の牧畜業はそういうシステムで成り立っているようです。その北海道の牧畜業者も、みんな赤字なのだと言うのです。何故かといえば、アメリカから買ってくるトウモロコシの値段が、ものすごく上がっている。

アメリカ中央部の広大な肥沃な原野が、段々、砂漠化しているらしいのです。トウモロコシを作りすぎて、雨が降らない状態になってきているらしいのです。

自然の樹林帯があると、不思議なことに、そこが雲を呼んで雨が降るらしいのですが、それが全部トウモロコシ畑になって、西海岸から、コロラド山脈を越えて、中央部に入って、テキサスとか、あの辺のところを通って、東海岸に至るまで、見渡す限りトウモロコシ畑で、トウモロコシ畑の中を自動車で走ると、走っても、走ってもトウモロコシ畑ということを、私は、見て来たことがあるのですけれども。それは長続きしなかった。

そのようなことをやっていたら、大地に栄養はなくなる。自然の循環は人間に都合の良いものを取るためにできているわけではない。同じトウモロコシを毎年作るということですから、それは、少しぐらい空から飛行機で人工肥料を撒いたところで間に合わないのです。おまけに水が足りない。水が足りないということは、砂漠化するわけです。

人間の、そういう農業の営みが地下の水資源を吸い上げて、砂漠化してきている。砂漠化すると、ますます雨が降らなくなる。そういう悪循環がアメリカで起こり始めているようです。アメリカは農産物の出荷国で、農産物を外国に売って儲けていた。もちろん工業製品を売っても儲けているのですけれども、アメリカは、基本的に農産物を売って国が成り立っている国であったわけです。

それで、トウモロコシを売り込むために、いろいろなことをやるわけです。日本なども、幼少期から肉を食べさせる。その牛を育てるのにアメリカからトウモロコシを買うのです。そういうアメリカの策略に乗っているのです。

アメリカから飼料を買わなければ、牛を育てられない。それはオーストラリアからも、ニュージーランドからも少しは入れられますけれど、アメリカから買うように、いろいろな意味で、政治的にも、経済的にも、そういうふうにルートができ上がっているわけです。

ところが、そのアメリカが、輸出をするどころではない、自分の国の牧畜業にも足りなくなるほどの事態が起こっている。農産物が足りなくなって、高騰している。そういう食糧危機です。

食糧危機というのは、数値的には、人口が増えることで足りなくなる。地球上の人口が何十億増えて、どうのこうのと、そういう計算ももちろんあるのですけれども、例えば、中国の十数億の民が、本当に質素な生活をしていたのが、みんなが肉を食べ出したら、ものすごく肉が要るわけです。それは、アメリカの策略であって、肉が好きな国民にしてしまえば、トウモロコシを輸出できる。とにかく、経済的な策謀が背景にあって、動いているらしいのです。

そういうことは、良く分からないことですけれども、確かにアメリカの、農作物を動かして儲けている財閥たちは、そういうことをちゃんと考えているわけでしょう。

それが、どうも、そういう人間に都合の良いように上手く地球が言うことを聞いてくれなくなって来ている。日本にも竜巻が起こったりしましたけれど、現在もアメリカにハリケーンが来ております。ものすごく大きなハリケーンが、四六時中襲ってくるような状況が起こって来ている。ですから、何か、人間が為してきていることの限界も近づいているけれど、自然が限界状況を告げているのでしょう。

地震は、別に人間と関連して起こったわけではないのでしょうけれど、こういうふうにして起こった事件を、千年に一遍だからしかたがない、今回起こったから、しばらくは起こるまいとは言えない。また起こるかもしれないという不安感もあるけれど、こういうことが起こった時にこそ、人間が、技術的に無理をして、エネルギー資源を地下から掘り出して、使っていたということが露呈した出来事であると気づいて、我々は、しっかりと、人間として考え直し、見直す機縁にすべきではなかろうかと思われるのです。

まあ、私のようなものが考えたところで、仕方ないのですけれど、罪悪深重の身の自覚の大切さを考えたいのです。

それによって、科学が進歩するのが善であって、未開は悪であるというような価値観、先進国の方が善で、劣悪な情況で生きている人たちは悪と見る価値観、科学文明こそ人間の善であり、科学的な消費をしていくことが善であるという。言わず語らずそういうふうに我々の発想がなってしまっていて、アメリカナイズ（americanize）することが、善であるという価値観に染まってしまっている。このことを見直してみたいと思うのです。

使い捨ての価値観でもそうですけれど、どうも変だとは思いながらも、経済的に捨てた方が得だから、捨てて新しいのを買ってくるという。人間が使っていくには、直して使っていけば使えるものでも、新しく買った方が経済的に得だから、捨ててしまう。

それによって、膨大なゴミが出る、資源がどんどんゴミとして捨てられる。まだ、充分に使えるというようなものが、直して使うよりも、新しいのを買った方が経済的に安いからという論理で、どんどん捨てられる。

そういうようなことから、とにかく善悪の基準が全部、得か損か、高いか安いかという経済的な価値観になって、それで善悪が決められる。だから、日本が経済を発展させる為に、科学文明を推進する為に、エネルギー源を湯水の如くに使うのが善であるという、そういう発想があった。その為には、原発を五十四基も造って、それをがんがんまわして、出て来るエネルギーを全部使えと。そういう政策に乗ってきていたということです。それが豊かで、善人の生活であるかのような価値観にさせられていた。

これは、こういう機会に、そういう価値観の善悪でいうなら、悪人に立ってものを見直すといいますか、進歩したというけれど、人間は、一体どうなったのか、どうも人間は、ますます不幸になって、生活が何か軽薄になって、大地に根の生えた生命観というものが、希薄になっているのではないかと感じております。そういう反省と、生活の見直しと、善悪の基準の見直しというようなことを問われているのではなかろうかというような思いで、私は、『〈親鸞〉と〈悪〉』という本を書いたのです。その題名は、春秋社の方がつけて下さったのです。

## 『唯識論講義（上・下）』の因縁

春秋社という出版社との因縁は、安田理深先生の講義録を出してもらえないかということを相談したことがあったのです。

ところが、春秋社さんでは、曽我量深先生の講義録を出版しようとされていた。それは、五十年前の曽我量深先生の講義録を曽我先生との因縁があった伊東慧明さんが息子の恵深さんの協力を得て、整理して『教行信証大綱』・『真宗大綱』の二冊を春秋社から出版（二〇一一年）して下さった。

春秋社の社長・神田明さんが、若い頃に、五十年前に、五十年前に社長であったのかどうなのかは知りませんが、五十年前に、金子大栄先生の選集を出したのです。その時に、伊東慧明さんや広瀬杲さんとの約束で、金子先生だけではなくて、曽我先生の本も春秋社から出したいという意向に対して、きっと出しますと約束していたというのです。

ところが、曽我量深先生の講義の原稿化ができずに宙に浮いていたのです。それをたまたま、伊東恵深さんが、親鸞仏教センターで研究員として三年間、編集の仕事、校正の仕事をやって下さったことから、恵深さんが自坊に戻られて原稿づくりが動き出して、ようやく伊東慧明さんが、息子さんのお陰で原稿を春秋社に届けることができたというわけです。

春秋社としては、どういう気持ちだったかは分かりませんが、五十年後の今頃出してどうだろうかということは、当然あったのでしょうけれど、出して見たら、思いの外良く売れて、春秋社としては評価があがった。

そういうことがあったものですから、私としては、安田理深先生の本を出していただくことは難しいかも知れないけれども、是非東京の読者層に安田理深先生のものを読むということを、押し込んでみたいと思ったわけです。

かつては、彌生書房という本屋さんに、私は一度試みて、安田先生の講義集を出してもらったことがあったのですけれど、彌生書房は、残念ながら社長（津曲篤子）さんが亡くなられて閉めてしまいました。これで、もう、東京で出す機縁がないと思っていましたら、樹心社という本屋さんが、浄土真宗の本を出して下さるようにはなっているのです。しかし、春秋社さんから安田先生の本を出していただけたら、と思っておりました。

曽我先生のものを出して下さったのなら、ひょっとしたら相談にのって下さるかも知れないと思って、春秋社さんに安田先生の原稿を持ち込んでみました。原稿を読んで、春秋社の編集担当の方が、やってみましょうと言って下さったのです。それが、去年の暮れ（二〇一一年）でした。去年の暮れに、そういう話が出て、そして、向こうから、私にも何か本を出しなさいと言って下さった。それで、では、一冊試みて見ましょうかということで、親鸞講座一泊研修会の三年分の講義録のテープ整理ができているものを見てもらったのです。

そうしたら、これは面白そうだからやってみましょうということで、春秋社さんが『〈親鸞〉と〈悪〉』を出して下さったのです。そういう不思議な因縁が重なって、そして、安田先生の上巻・下巻にわたる『唯識論講義』も、私自身としては、どうかなと思いながら持ち込んだのですが、春秋社さんが喜んで乗って下さって、出版しました。

私は、宗門に向けては、『真宗』に広告を書いたのですけれど、どのくらい買って下さったかは、分かりませんけれど、あまり当てにしておりませんでした。でも、おそらく現在、唯識論を読むような読者が結構あって、そういう方が珍しい人の名前だし、どんなものかということもあるのでしょうけれども、たまたま春秋社さんは、唯識関係のものを随分出しています。辞書も出しているし、仏教学の先生方のものを出していますので、春秋社が出しているという出版社のもっている重さというか、信頼があって、安田先生のものがかなり読まれているのではないかなと思います。

そのようなことで、私の問題意識と安田先生の唯識のものとは、たまたま同じ春秋社から出たということで、何か、因縁が重なっているという思いが、私の中に、動いております。

『唯識論講義』を作るもとになった講義は、三河の豊橋の郊外、豊橋のちょっと名古屋よりのところに、豊川稲荷で有名な豊川という町があるのですが、その豊川の直ぐ隣に、市は豊川市なのですけれど、国府《こう》という駅があります。

国府と書いて、新潟県の国府もそうでしょうけれど、親鸞聖人の流されたところは、国府、「こう」と、私は読んでいましたら、新潟では「こくふ」というのだということを聞きました。平安の初めぐらいに、朝廷が、全国に、国の官庁にするような意味で、国分寺というお寺を建てていった。東京の郊外にも国分寺があります。

豊川の国府は、古い町で、東海道五十三次の一つにもなっていて、町の中に、今でも大きな松並木が残っていて、江戸時代は、参勤交代の列がそこを通ったという道沿いの町なのです。

その町に、長泉寺という由緒のある古いお寺があって、今は真宗大谷派のお寺ですけれど、蓮如上人以前は、どうも天台宗だったらしいのです。あの辺は、天台宗であったり、真言宗であったりしたお寺が、真宗になっている場合が随分あるのです。そのお寺も、もともとは、天台宗だったのが浄土真宗になって五百年になるというお寺さんなのです。

そのお寺の住職は、ご養子で、その方は養子に入る前の学生時代から、私の先輩であり、友人でもあった安藤真吾さんという方で、その安藤さんが安田先生に頼んで、毎年夏に一泊研修をお寺でされていたのです。

そこに安田先生ご夫妻が、先生の晩年の六年間、一泊二日の講義の為に出向いて、唯識の講義をされたのです。『唯識論講義（上・下）』はその講義録なのです。

その講義録を出すことは、安藤さんが自分でやりたかったのですけれども、心臓を悪くして、カテーテルの治療をされていて、危ないところだった。一応命はとりとめているけれど、自分ではもうできないと思っていたらしいのです。そのようなことで、私が出すのならば、やってくれということで、許していただいて、出すことができたわけなのです。

安藤さんは、大谷大学で私の二、三年先輩なのですが、そのような病気があるので、自分は何時死ぬか分からないから、安田先生の三十三回忌を、ちょうどこの出版を機縁にやりたいと、再来年が三十二年目ですから、再来年の二月が三十三回忌なのだけれど、一年半ほど繰り上げて、この十月に三十三回忌をやりたいと。ついては、この本を出してもらったお前に来て欲しいというわけで、私が講義に伺うことになっているのです。

テーマは、「唯識論と浄土論」だと向こうで決めて下さった。これは大変面白いテーマなのですけれど、難しいテーマだなと思っているのです。

## 『願生偈』と『唯識論』

「唯識論と浄土論」というテーマは、安田先生のおそらく生涯の思想的なテーマであったに相違ありません。『願生偈』の一番中心の問題は、「世尊我一心」ということ。「世尊我一心」というところに、天親菩薩が、仏教を総合するような一点を押さえています。

唯識論も、唯識論の一番重要な根本教証は、『華厳経』第六現前地にあって「三界は虚妄にして、但だ是れ心の作なり」。三界が虚妄であって、ただ心の作であり、十二因縁もこれに依ると。十二因縁も、「但是心作《たんぜしんさ》」である、と。『十地経』の第六地、現前地というところです。第六地は現前地と名づけられている。何が現前するのかというと、真如が現前すると言われているのです。

初歓喜地、第二離垢地、第三発光地、第四焰慧地、第五難勝地、第六現前地という次第なのです。現前地というところは、十地を六波羅蜜に当てて、布施・持戒・忍辱・精進・禅定・智慧という六波羅蜜を始めの六地に当てて、十地を十波羅蜜に当てるという考え方があるのですけれど、その場合、第六地は、智慧に当たる。

つまり、修行して、智慧が本当に真理に出遇うという。その真理に出遇った時の根本の言葉として、十二因縁というけれど、十二因縁は、「ただ、心の作である」と。この心を一心の作であるというふうに言うのです。

つまり、すべては、心に映っているものだけが事実であると。そういう根本直覚と言いますか、それは、第六地、つまり、迷っている意識でそのようなことを考えて、そうだなどと思っているのとは違うのです。

布施・持戒・忍辱・精進・禅定・智慧という波羅蜜の行を通して、心を磨いて、そして第六地に獲た真如との出遇い。真理との出遇いが深まって来て、第六地において根本的な覚りに出遇うと。そういうことで、第六地は、真如現前というふうに言われております。

その第六地の根本的な言葉が、「ただこれ心の作」である。つまり、心というところに、人間が生きている事実も、世界を感じている事実も全部あると。こういうふうに直覚する。この直覚に立って、仏教の学道を再構築するということが、唯識という思想になってくる。

空と感ずるのも、一切皆空といっているのも心に起こる事実なのだと。空が空であるということは、どこで成り立っているのかといったら、我空・法空というけれど、その空はどこで成り立っているのかといったら、空を感得する心にあると。

そこに、唯識ということで、心それ自身を考えていくという学派が出て来る。しかし、この学派が語っている言葉とか、概念とかのほとんどは、小乗部派仏教の議論の結果生まれてきた概念です。

世親菩薩が、小乗仏教の学問をやっていた時代の成果として『倶舎論』があるのですが、その『倶舎論』から『唯識論』へ、小乗仏教から大乗仏教に転向した、回心した。回心して、もう一度学問を構築し直したものが、『唯識論』です。

その『唯識論』の概念と、小乗仏教の概念と、概念はほとんど重なる。ただ、世親菩薩は、小乗部派仏教時代の小乗の課題、そういうものを翻転して、大乗に回心したといわれている。それは、兄であった無著菩薩が読誦している『華厳経』を聞いて、大乗の経典の美しさと、大乗の経典のもっている課題に触れて回心したというふうに伝えられているのです。

それは、思想的な転換も勿論あるのでしょうけれど、何か、経典というものに打たれた。『華厳経』という経典を読んで感動するということがすごいことだと思うのです。菩薩道が、繰り返し、同じような課題を議論しながら、少しずつ進転していく。そして第六現前地に来るという。更に進んで、第七、第八、第九、第十と展開していくわけです、そういう経典のもつ、大きな課題というものに触れて、部派仏教を捨てて、瑜伽行派といわれる唯識派に転じた。

その『唯識論』を書かれた世親菩薩は、ヴァスバンドゥ（Vasubandhu）という名前なのですが、ヴァスバンドゥ（Vasubandhu）という発音を曇鸞大師は、漢字で当てて、インドではこういうと。天竺ではこういうと。それを翻訳して、天親と。ヴァス（Vasu）は「天」だと、バンドゥ（bandhu）は「親」だと、それで天親と。これは菩提流支三蔵の訳語です。曇鸞の時代、六朝の時代です。三国から六朝にかけての中国に翻訳三蔵としてきて、そしていろいろなものを翻訳された。

その時に、『浄土論』を翻訳された。たまたま曇鸞大師は、龍樹系の四論の学匠だったのですが、菩提流支に遇うことになった。『大集経《だいじっきょう》』の注釈の最中に病に倒れ、不老長寿の術を陶弘景《とうこうけい》について学び「仙経」を得て帰って来て、菩提流支三蔵に出遇った。

菩提流支三蔵に出遇い、汝は中国に伝わる不老不死の仙経を身につけたというけれど、迷いの命を長らえて、何の為の生き甲斐かと菩提流支に叱られたという。仏法を求めるということは、単に思想的興味ではない。迷いの命を翻すのではなかったのかと、こう怒られて気がついた。この気がついたというところが曇鸞の偉いところです。

『正信偈』にも「焚焼仙経帰楽邦」とありますように、仙経を焚焼して浄土の教えに帰したという。

龍樹の思想、大乗仏教の思想を勉強していたけれども、何か、その思想が身についていなかったというか、曇鸞の思想的関心が本当の仏法を自分の身の課題として、この世の苦悩を超えるのだという課題として、実っていなかったといえましょう。

曇鸞という方は、相当な学者だったらしいのですけれど、それでも学問関心であって、求道関心として実っていなかった。そこを菩提流支三蔵につかれて、回心したということなのでしょう。

四論の講説さしおきて　本願他力をときたまい
具縛の凡愚をみちびきて　涅槃のかどにぞいらしめし
（『真宗聖典』第一版、四九一頁、東本願寺出版、以下聖典と略す）

と親鸞は『和讃』でいわれていますから、四論の解釈学をさしおいて浄土教に帰した。

それで曇鸞大師は、『浄土論註』を作っているわけです。その時にもらったものが『浄土論』であったかもしれないのです。これの梵本は残されていないのです。菩提流支三蔵が翻訳する以前の梵語が残っていないのです。

大体、中国では三蔵法師がインドからもってきた経典を中国語に翻訳した後は、梵語をほとんど残さないのです。だから、インド語の経典として、中国に残っているものは、ほとんどないのです。翻訳されたからには、もう、中国語で読めば良いという考え方なのでしょう。『無量寿経』の場合には、何回も何回も、時代をかえて、翻訳三蔵が来ては、翻訳する。ですから、五存七欠といわれますように、『無量寿経』の異訳の経典が、幾つもあります。

おまけに、近代に入って、梵語の『無量寿経』も残っていたということが分かった。そういう経典もあるのです。けれども、『浄土論』については、他の三蔵法師が翻訳していない。『浄土論』という論には、異訳がないのです。おまけに、梵本も残っていない。そして、なかなか読み解くには難しいものがある。その『浄土論』を曇鸞大師が、註釈をした。

その註釈された曇鸞大師の言葉もさることながら、浄土教の流れが、道綽、善導というような中国の仏教者によって、受け伝え広められていく中で、もとになる『浄土論』の偈文とか、そういうものが、引用されているわけです。特に善導大師などは、『浄土論』を随分と引用されます。

そういう中国における浄土教の歴史の原点のところに『浄土論』が翻訳されてきて、伝わっているということがあるのです。

けれども、近代にいたって、唯識の学匠である世親菩薩が、何故『願生偈』を書いたのか。『無量寿経優婆提舎願生偈』というものを何故書いたのかという問題については、色々と議論があって、極端な場合は違う人が書いたのだと。天親という人が書いたので、世親ではないのだと。そういう説が出されてもいるのです。

ヴァスバンドゥ（Vasubandhu）という名前は、旧訳では天親、新訳では世親と翻訳されていて、唯識論の学匠であったヴァスバンドゥ（Vasubandhu）菩薩が、『願生偈』を書いたものを、菩提流支三蔵が翻訳し伝えてきている。勿論、親鸞聖人もそう考えて、『尊号真像銘文』には「「帰命尽十方無碍光如来」ともうすは、帰命は南無なり。また帰命ともうすは、如来の勅命にしたがうこころなり。尽十方無碍光如来ともうすは、すなわち阿弥陀如来なり」（聖典五一八頁）と、世親菩薩は尽十方無碍光如来というと書いておられます。

安田先生は、この『浄土論』は、一面で唯識の学匠でなければ書けない論であるとも言われて、唯識の論師である世親菩薩が『願生偈』を書かれたのだと。だから、『願生偈』の課題に『唯識論』の課題が重なっていると、見ておられます。

親鸞聖人の『浄土論』理解にも、そういう唯識の思想というものが、世親菩薩の『無量寿経優婆提舎願生偈』を通して、何か課題としてあるというふうに安田先生は、どうも見ておられたらしい。その辺は、なかなか難しい問題があるのですが。ただ、明らかに、中国に翻訳された『唯識三十頌』は、その『唯識三十頌』が翻訳されると同時に、一つの学派ができるほどの大きな影響をもったのです。

『摂大乗論』が翻訳されると、摂論家という『摂大乗論』の学派ができた。『涅槃経』が翻訳されると涅槃宗という『涅槃経』の学派ができた。そういうふうに経論が翻訳されるたびに、中国人の学ぶ人たちの中に、新しい思想を中心にした仏教の学びというものが生まれてきているのです。それは、いわゆる宗派ではないのです。学問宗です。違う学問との重なり合いを一人の人がしている場合もあるし、種々の学問を学ぶこともできるような自由さもあったでしょうし、いわゆる今の日本の宗派体制とは違うのです。派ではないのです、宗です。宗としての学び、だから華厳宗という宗もあれば、天台宗という宗もある。そういう宗として、学びの中心をどの経論に置くかということです。法然上人は、浄土宗という宗を名のったので、派を名のったわけではないのです。

とにかく、中国に翻訳された『摂大乗論』は摂論家を生みだし、そして、『浄土論』が、浄土の学びを生み出した。これは、道綽禅師が、聖道門、浄土門という門を分けるというほど、この浄土の学びには、非常に大きな意味があるわけです。

それまでの学びが聖道門という言葉でくくられるのに対して、浄土の学びというものが、独自の意味をもって、浄土の門というものが、末法濁世にはこれしかないというほどの、大きな意味を持つのだと。だから、宗の主張よりも、もっと大きく門の主張として、道綽禅師が、末代濁世において、これからは浄土の門のみあって、通入すべき道であるとまで言われているのです。浄土の学び、浄土の教えというものを、そのように主張された。

その道綽禅師も、天親菩薩の『浄土論』を引用しておられます。大体、道綽禅師は、その浄土の学びの出発点は、もともと涅槃宗なのです。

本師道綽大師は　涅槃の広業さしおきて
本願他力をたのみつつ　五濁の群生すすめしむ
（聖典四九四頁）

「涅槃の広業さしおきて」と言われていますから、涅槃宗の学匠であったが、その涅槃宗の学びをさしおいて、道綽禅師は、浄土の教えに帰した。おそらくそれは曇鸞大師の『浄土論註』が大きな機縁なのでしょう。

道綽禅師にとっては、曇鸞大師が親しい先輩であって、生きて出遇ってはいないらしいのですけれども、『論註』を読まれたのでしょう。

『浄土論』『浄土論註』というのは、仏教の深い学びをした天親菩薩（世親菩薩）の思想と離れて日本では考えられてきた。特に、日本の歴史にあっては、不幸なことに、天台浄土教といわれて、天台宗が比叡山延暦寺に伝教大師によって、持ち込まれた後、伝教大師から二代程経って、第三代座主・円仁が、浄土教を持ってきたと伝えられているわけです。

浄土教をもってきて、天台浄土教として、天台宗の中で、浄土の学びは、公然と学ばれていた。源信僧都という人には、一面で『倶舎論講義』などが残っているのです。『倶舎論』の講義も出しているし、もちろん、『一乗要決』というような法華一乗の天台の学問も表しているし、そして、浄土の『往生要集』も書いている。

天台の学びと浄土の学びが両立しているわけです。もちろん大乗の学びですから、世親菩薩の小乗時代の講義録（倶舎論講義）などが、何故、恵心僧都全集に残っているのかなと思うほどなのですけれども。天台での学問というものの基礎に、世親菩薩の学び、小乗仏教時代からの学びも取り入れられていたのでしょう。

明治時代になるまでは、漢文の仏教の学びの基礎に倶舎・唯識ということがあって、唯識三年・倶舎八年というような言葉が残っていました。『倶舎論』をきっちり学んで、そして『唯識論』をやって、その上で、いろいろな仏教の議論をする。唯識三年、倶舎八年などという言葉が、私が学生の頃（一九六〇年代）はまだ残っていました。

中国伝来の漢文の仏教の学問であるなら、世親菩薩の『倶舎論』と、『唯識論』とを学んで、その上で仏教の学問をする。世親菩薩の学問の特徴は、厳密な思索ですし。『唯識論』も厳密学だと、安田先生はよく言われていました。非常に厳密で、概念の混乱を許さない。できるだけ精密に議論を詰めていくのです。

別に小乗仏教時代では、いい加減だということではないのです。小乗仏教の時から、やはり概念を、どういう言葉は、どういう意味をもっていて、この言葉とどう違うか、例えば、「憍慢」というような言葉でも、「憍」の字は、おごり高ぶるという字ですけれど、「慢」という字とは違う意味をもって使われている。もとの梵語を翻訳した時に、憍の字は、酔傲《すいごう》といって、自分におごりたかぶっているという、そういう煩悩、これは随煩悩ですが、随煩悩というのは、根本煩悩ではなくて、もっと形のはっきりした煩悩です。随煩悩の一つとして、憍という字は、「於自盛事　深生染著　酔傲為性（自の盛事に於いて深く染著を生じ酔傲《すいごう》するを性と為す）」と定義されています。

それに対し、慢というのは、根本煩悩です。慢という煩悩は、傲るという意味ももっているのですけれど、煩悩の定義としては、「恃己於他高舉為性（己《おのれ》を恃《たの》んで他に高擧なるをもって性と為す）」とあって、比較するという作用が慢という煩悩だと定義されているのです。

こういう煩悩は、人間が気付いてみたら、意識が起これば、ほとんどいつでも比較している、比較する意識がついている。だから、慢という煩悩は、根本煩悩であるというふうに定義するわけです。

それを憍慢とつなげてしまうと、何か、一つで憍慢になっているから、おごり高ぶるのが憍慢だという、憍と慢が違うなどというふうに中国人は考えない。けれども、インド伝来の世親の学問としては、憍と慢とは、まったく違う煩悩なのです。

そういうふうに概念と意味とをきちっと詰めて考えていくという訓練をするのが、『倶舎論』『唯識論』に通じていて、そういう訓練をした上で、仏教の思想を学んでいく。いい加減に、ずぼらに考えるのではなくて、何を考えるかという基礎の言葉の意味をしっかり自覚して使う。こういう基礎学です。学問の基礎に言葉の意味をきちっと身につけるという、そういうことがあったわけです。

だから、源信僧都が『倶舎論講義』を残しているなどというと、不思議に思うのですけれども、その当時、平安時代の天台の伝教大師の学びである比叡の山での学問の基礎に、『倶舎論』が常識として入っていたということでしょう。ですからもちろん、親鸞聖人でも、そういう倶舎・唯識というものを基礎に学んでいないはずがないのです。

## 思想の結婚

それが、今では、すっかりそういうことが忘れられてしまっていて、近代ヨーロッパの学問を潜って、今の仏教学は、横文字をやるのが学問だと。中国の漢字の学びなど学問でないというような、そういう時代が、百年近く続いたものですから、随分、日本の仏教の学問は曲がってしまったというか、ヨーロッパナイズ（europanize）してしまったというか、そういうことがあるわけです。

そういうことに対して、安田先生は、翻訳されて漢文になって、確かに漢民族の思想となってしまうと、曖昧な、ちょっと大風呂敷を広げたような思想になってしまうところがあるけれども、しかし、世親の思想は、決してゆがんだりしていない面があると言われておりました。

玄奘三蔵という人は、中国人だけれども、それまで翻訳されていた唯識の思想に疑問をもって、それまで翻訳されていた『摂大乗論』とか、『三十頌唯識論』の異訳とか、そういうものがあるのですが、多分それでは、自分が納得できない問いがあって、わざわざインドに行ったのだろうと言われているのです。唐の王朝がその玄奘をバックアップして、国の仕事として、インドに行き、そして経論を持って帰ってきて、翻訳した。その中心が、『三十頌唯識論』の解釈書『成唯識論』なのです。その『成唯識論』から法相宗という宗が開けた。

この法相の流れが、日本にも来て、それは今でも続いている学問です。法隆寺とか、興福寺は、『三十頌唯識論』の解釈である『成唯識論』と、さらにそれをどう解釈するかという釈論まで含めて、ズーッと伝承している。

ところが、これが、平安時代に、奈良仏教の中心にあって、京都での法然上人の「専修念仏」の教えに対して、徹底して批判したのです。解脱房貞慶という学匠、この人は興福寺法相宗の学匠なのです。その法相宗の学匠であった解脱房が、法然上人の浄土の教えの深い宗教的な意味を理解できずに論難して、それが機縁で、承元の法難が起こった。

明恵上人は、華厳宗の学匠であったわけですが、『華厳経』を学んでおられたのだけれども、法然上人の善導理解が分からなかった。明恵も善導を読んでいるのです。善導を本当に丁寧に読んでいるのだけれども、隠顕の意味が分からなかったのです。だから、同じものを読んでいても、読む視点が違うと読み落としてしまうというか、読み取れないものがある。

そういうことで、不幸なことに、唯識論の流れと、浄土論の理解の流れとが、割れてしまっているわけです。

曽我先生も安田先生も、だから一つにしようとか、そういう言い方は一度もなさっておられません。しかし何か曽我先生は、『歎異抄聴記』(曽我量深選集　第六巻　彌生書房)に顕れていますように、浄土真宗の信念の中心は、善導大師の、「機の深信」にあると。こう言われたような深い悲しみ、これを曽我先生はもちろん押さえておられるわけですが、そのことと、曽我先生の学びの基礎に、やはり世親菩薩の思想の『三十頌唯識論』が、ずっと根を張っているのです。

曽我先生という方の人間的な特質というか、資質ということもあるのでしょうけれど、曽我先生の思想というのは、一面で思想が躍動して、感動が言葉になっているような面があるけれども、一方で非常に思想が厳密です。そして随分と思い切ったこともおっしゃる。どこから出て来るのかというような、例えば、「法蔵菩薩は阿頼耶識なり」などという言葉があるけれど、ああいう言葉が出て来るための、曽我先生の因位の長い間の思索というものがあって、その結論として、「法蔵菩薩は阿頼耶識なり」という言葉が出て来ているのです。思いつきではないのです。だから、そのことを一生かけてまた語り直し、考え直ししていかれます。

実は、曽我先生の若い時代の『浄土論講義』というものがあるのです。これは選集に入っていませんし、今では、ちょっと手に入れることが難しい。これも縁があったら印刷できると良いのだがと、私は思ってはいるのですけれど、それは筆録しかないのです。

曽我先生の若い時代の浄土論講義、これを安田先生がもっておられて、それを安田先生は、何回も読んでおられる。青線を引いて、赤点をうって、また赤線を引いたりして、何回も読んでいる跡があって、曽我先生の浄土論を自分の思想を構築していく基盤にしておられるのです。

そういうことと、安田先生は、一生、唯識論講義を続けられた。これは聞いていた人たちみんなにとって、一つの謎でした。安田先生にとって、唯識論を講義することと、親鸞聖人の『教行信証』や、仮名聖教を講義することとは別のことではないのです。例えば、テキストは『摂大乗論』であったり、『三十頌』であったり、『教行信証』であったり、『正信偈』であったりするのですけれど、その講義をしながらどちらの講義をしているのか分からないぐらいにテーマが繋がっているのです。

このたび出版した『唯識論講義』の中にも、初めから親鸞聖人の課題が出て来るわけです。春秋社の人としては、どうして唯識論講義にいきなり親鸞が出て来るのかわからない、と。それは素朴な疑問でしょう。講義している場所が、大谷派のお寺であり、聞いている人たちの中に、大谷派の僧侶が沢山いたり、門徒がいたりしていますから、聞いている会座に居れば、何の疑問も起こらないけれども、それが言葉となって記録されて出版されるということになったら、どうして唯識論講義に親鸞が出て来るのか分かりませんでしょう。

安田先生にあっては、場所がそうだからというよりも、おそらく先生の思索の中で、世親菩薩の唯識論を思索し、考えていく手がかりにはするけれど、問題は仏道なのです。問題は仏法を明らかにする。しかも、自分の身に仏法を明らかにするという課題でしょう。ですから、仏法を明らかにするという課題において、親鸞聖人の課題と唯識論の課題と、それは自分にあっては別のことではないわけですから、自由に行ったり来たりするわけです。学派に執らわれる人間からすると、何故、全然関係のないものが、突然出て来るのだと。そういう考えになるのでしょう。

文献学的学問に執らわれる人にとっても、学派が違うものを何故そのように一緒にするのかという誤解があり得るわけです。一応それに対して、どういう立場で講義をしようとされたのかということだけは、私が編集者として、初めにちょっと註釈を入れたのです。でも、『唯識論講義』を本当に深く読んでいけば、そのようなことは言う必要すらないぐらい自明のことなのです。

多分、世の中の人は、派閥やら、学閥やら、何か歴史的にできてしまった流れの違いというものにこだわりますから、一番もとの課題、一番もとに帰ったら、学仏道は一つなのだという。そういうことは知らないでしょうから。同じ一人の天親菩薩が『浄土論』を書き、『唯識論』を書いたのだということを信ずる。しかし、それを論証するのは難しいのです。違う人間が書いたのだと言い出されたら、もとの梵本がないわけですから、だから、翻訳者が、同じであれば、同じような言葉があるわけですけれど、『浄土論』というのは、とにかく一本しかない。しかも、不幸なことに、翻訳されて曇鸞大師が喜ばれた、その中国に『浄土論』が残っていないのです。考えられないことですけれども。日本に伝わって来て、日本に残っているだけなのです。『安楽集』もそうです。道綽禅師の『安楽集』は、道綽禅師は中国の人ですから、中国にありそうなものですけれど、もう無くなっているのです。

仏教の文献というものが、何回も破折《はしゃく》に遭い、王朝が変わったりして、仏教は破滅させられますから。仏教の寺は焼かれ、経典も焼かれてしまいます。そういうふうなことで中国というのは、革命が起こって、王朝が変われば、官僚も皆殺しで、そして依り処にしていた聖典、それは仏教であろうと、道教であろうと、儒教であろうと、自分の政権にとって都合が悪ければ、全部焼いてしまうわけです。残っていないものが多いのです。その中でも日本に伝わって来たものが残っている。日本では比叡の山は、織田信長が焼いてしまいましたから、かなりの文献が焼失したのかも知れませんが、幸いにいろいろなところでもっていますし、そういうことで、日本は随分と文献が残っている方なのです。

でも、文献になったものは、紙ですから、虫も食うし、水も襲うし、そして火に焼かれるしということで、無くなったものも多い。親鸞聖人が書いておられるものでも、今ではもう手に入らないものが結構あるのです。

そういうわけで、『浄土論』も、とにかく貴重な文献なのですけれども、一本しかないということと、その翻訳されたもとの言葉が良く分かりませんから、それで大谷大学のチベット仏教の権威であった、山口益《すすむ》さんが、五十年ほど以前の安居で、『浄土論』をもう一度梵語にもどすという野心をもって、漢文に翻訳された『浄土論』を梵語に戻したらどうなるかというようなことを講究されたのです。

それを受けて、今年（二〇一二年）の安居では、小谷信千代さんが、山口益さんの流れを受けて梵語で考えた場合は、どうかというようなことで、天親菩薩の『浄土論』を考察しています。でも、私は、親鸞聖人が『浄土論』を仰いだ課題というのは、宗教的関心といいますか、菩提心の書としてどこに一番大事な問題があるかということを見抜いておられた。

まあ、謎があるのです。分からない問題があるのですけれど。

おそらく親鸞聖人は、比叡の山で身につけた若い時代の基礎学として、倶舎・唯識というものを踏まえて、厳密な言葉の吟味とか、思索の展開とかをされているに相違ないと思うのです。

そういう背景もあって、課題として、曽我先生が、『唯識論』の一番大事な課題である阿頼耶識という問題と、『無量寿経』の本願の主体である法蔵菩薩というものとをぶつけ合わせられる。これについては、安田理深先生が、これは思想の結婚であると言われた。結婚になぞらえて、違う系譜の課題をぶつけ合わせて、曽我先生の中で一つの課題として考えようとされたのだと。こういうふうに言われています。

もちろん、東京大学の教授であれば、勝手に違う系譜のものを継ぎ合わせるのは、思想の誤解であるとか、まったく理解できないというような形で評論する。それは思想的課題が分からないと言いますか、求道関心に対して、斜めから見ると言いますか、文献学を中心にしてものを考えている立場からは、根本の主体の求道の問題というようなことは、学問にならないと見ているのでしょう。

そういう誤解があるのでしょう。それで安田先生は、生きておられる間は、『唯識論講義』を出版するというようなことを持ち込まれると、絶対に許さなかったそうです。

これはこの間、三河の安藤さんが、言っておられましたけれど、ある人が、これは思想的に意味があるからというので、その講義録のノートを整理して、安田先生のところへもっていって、これを出版させて欲しいと申し出たことがあったのだそうです。

そうしたら、先生は、絶対、許さなかった。それは、やはり出しても誤解され、論難されるだけであって、それに、論駁《ろんばく》するのが面倒くさいというか。例えば、法然上人の『選択集』を絶対に人に見せるなと、法然上人は言い置いた。『選択集』の終わりに、「壁の底に埋みて、窓の前に遺すことなかれ。おそらくは破法の人をして、悪道に堕せしめざらんがためなり」(『真宗聖教全書一』九九三頁、興教書院、以下真聖全一と略す)と書いてある。

あれは、本当に壁の中に埋めよといったわけではないのでしょうけれど、そのくらい、人には、滅多のことでは見せるなと。どうしてかと言えば、これを読んで誤解して、非難するというようなことがあったら、仏の願いを誹ることになる。そうなれば誹謗正法の罪により地獄行きだと。

堕地獄の罪を犯させることになるから、この『選択集』は、人には見せるなと。そのくらい誤解されることが必然であると。法然上人は、当時の思想の中では、これは、理解されまいと感じておられたのです。

けれども弟子達は、それほど危機感を感じなかったのでしょう。自分達としては法然上人の教えを流布したいというので、法然上人が亡くなると直ぐに出版したのです。それで案の定、明恵上人は、その出版された本を読んで、とんでもないことだというので、『選択集中摧邪輪』という書物を書いた。明恵上人は、栂尾《とがのお》の高山寺におられた。西山の高いところにお寺を建てて、『華厳経』の中にある「日出でて先ず高山を照らす」と、お日さまは登ってくれば、まず、高い山を照らすのだ。だから高い山にお寺を建てて、そして衆生を利益するのだと。そういう高邁な志願といえば、高邁な志願なのですけれど。明恵上人は、その当時は、京都の庶民からは尊敬され、天皇からも尊崇されていたような人なのです。

そういう明恵上人が、法然上人の意図を読みとれなかった。これは仏教ではない。菩提心を要らないというようなことを言うのは外道であると。こう言って法然上人の『選択集』を思想的に非難した。

また比叡山の人たちは、とんでもないことを言うと、このようなことを言う書物は奪い取って焼いてしまえというわけで、法然上人の教団を襲った。法然上人の教団は流罪にあってちりぢりになっていたのが、後に許されて教団が形をもっていたわけですが、そこを襲った。そして版木を奪い取って焼いた。それだけでは気が済まなくて、法然上人の墓所を何回も襲って、お骨まで奪おうとした。

それぐらい、誤解され恨みを買ったのです。だから、浄土の教えというのは、今では、我々は大きな顔をして「専修念仏」であろうと、一心に念仏すればたすかるということを平気で言って、何も、死の怖れなどないわけですけれど。何故、そのような目に遭ったのかというほど、当時は誤解されたのです。

もちろん、法然上人の教えを依り処にして信ずる人も沢山出たのですけれども、そういう人が出れば出るほど、それに対抗する人たちが危機感を感じたわけです。

だから、思想というものは、時代の問題と、その時代の人々がどういう思想を持っているかということと、ある意味で切り結ばなければなりませんから、大変だと思うのです。

私も一度だけですけれど、先生のお宅を訪ねている時に、誰からか分かりませんけれども、電話がかかってきて、先生がそれに対して対応しながら、段々激昂されて、何か、めずらしく大きな声で何かを言っておられたことを拝見したことがありました。だから、本などになれば、当然それに対して論難してくるというようなことが出てくる。先生は、そういうことはお嫌いだったし、それに対してまた対抗して何かを言わなければならないというのは、論議問答をこととすることになるから、避けられたのでしょう。だから、出版を許さなかった。

その当時は、やはり梵語中心の、山口益さんはチベットですけれど、横文字中心の、ヨーロッパの研究者の思想を中心とする仏教理解がはびこっていましたから、特に、『唯識論』は、『三十頌唯識論』を、安慧釈によって読む。安慧を中心にした理解が、ものを言っていた。安慧というのは、護法と、その当時十大論師というふうに、『成唯識論』で見られている論師です。

## 護法唯識と安慧唯識

安慧と護法は、どちらも思想は近いのですけれど、最終的なところで別れている。それで、『成唯識論』という書物は、中国人であった玄奘三蔵が、その当時のインドで、唯識の思想というものを伝えている人たちの中に入って、学んで、自分として、護法の考え方が一番自分に了解できたのでしょう。

だから、十大論師の思想をまとめながら、護法の思想を中心にして、まとめ直しながら翻訳しているのです。全部護法というわけではないのですけれども、護法菩薩の思想を中心にして、世親菩薩の偈文をどう理解するかと。言葉が出ると、言葉の理解に割れが出ますから、学派が出て来る。『三十頌唯識論』から学問の割れが出ているわけです。

その中で、護法という人の思想が、一番思想的に『唯識論』として勝れていると理解された玄奘三蔵が、『成唯識論』という形で三十頌を理解した。ところが、護法と対立するような思想として安慧という人が居て、安慧の釈論が残っています。それで、現在に至るまで唯識論の学者というのは、特に、横文字を学んだ学者というのは、安慧の考え方を正しいとしているのです。

安田先生は、世親の唯識を古唯識と呼ぶなら、新唯識という言葉をもし作るなら、古い唯識、もとの考え方、それが厳密に議論されて、展開して、思想が歩むと言いますか、新唯識に展開して来た。そういうふうになってきたところに、護法という人の思想が出て来ているのだと。だから、それまでの唯識全体をまとめて新しい思想でまとめたようなものが、新唯識としての護法宗の唯識だと。

古い唯識をなくしたのではなくて、古い唯識の理解を深めたのだと。例えば、浄土の理解にしても、念仏の理解にしても、『選択集』の理解を、更に、一切衆生、罪悪深重の凡夫が本当にたすかるという論理にするということで、親鸞聖人が深めたのだと、こういうふうに見ることもできるわけです。

法然上人の思想をないがしろにして、新しい派を立てたと考えるよりは、どこまでも『選択集』の思想を受け継いで、しかし、それを本当に深く基礎づけた。こういう仕事が、親鸞聖人の仕事であるという方が、私は、正確だと思うのです。

そういう仕事は、後から出た方が曲ったのではなくて、後から出た思想において、先に出た思想の素朴な考え方を深めたという仕事が護法の唯識だと、安田先生は、繰り返しおっしゃっておられました。

私にとっての謎であったわけですが、皆にとっても謎であったらしくて、安田さんはやはり唯識でたすかっていたのではないか。唯識の覚りが安田さんの本心なのではないかと。親鸞は借り物でないかというような理解をする人も居たわけです。一番の弟子とされる仲野良俊さんですら、安田先生はやはり本心は、唯識宗だろうなどと言っていたのです。そのくらい安田先生の『唯識論講義』というものは、『三十頌唯識論』を徹底的に始めから終わりまで、とにかく繰り返して、ていねいに読み抜いたのです。

それで、今度の晩年の六年間の講義録『唯識論講義』は、その一生をかけて読んだ唯識論の整理なのです。安田先生は、六十六歳の時に、若い時代に病んだ肺結核が、再発した。老人性結核と名づけられているのですけれど、先生自身の記憶には結核で寝た記憶はない。けれど、風邪を引いて高熱で寝ていたことはあったようなのですが、結核を病んでいたのに、頑健な身体と、強靱な思想的興味で学びを止めずに、ずっと寝ることはなかったのです。おそらくだるかったり、つらかったりしたことはあったはずなのですけれど、自分としては、結核で病気になったとは思っておられない。

それが六十六歳で風邪を引いたことを縁として、再発した。体力で押さえ込んでいたわけですが、その体力が弱った時に出て来たのです。それで、六十六歳から七十歳まで、五年間というものは、京都大学の伝染病研究所で、結核菌の研究をしておられる先生から、絶対安静を命ぜられて、講義に出講してはならないと言われた。京都大学病院に一年ほど絶対安静で入院した時期もありましたから、それで薬を使い続けて押さえ込んだ。でも、お陰で、結核菌によって、片肺は完全に酸素を吸入する能力を失ってしまった。よく先生はスポンジに譬えていましたけれども、古くなったスポンジというものは、ぼろぼろになる。初めは水を吸うけれど、ぼろぼろになったスポンジは水を吸わなくなる。それに自分の肺を譬えておられました。

自分の肺は、半分はもう古くなったスポンジのようなものなのだと、酸素を取り入れる力がないのだと、そういうふうにおっしゃっていましたが。六十六歳から七十歳まで病気を病んで、寝ておられた。七十歳で病気が一応治まったことで、講義をもう一度再開されたのです。

まあ、とにかく無茶苦茶でした。チェーンスモーカーで、指がヤニで真っ茶色になっているのです。タバコを何時でもひっきりなしに吸っている。そして、抹茶がお好きでしたから、朝から晩まで、お茶を飲んでおられる。よくあれで生きておられたなという生活を平気で若い時代から、ずっと、それで勉強がお好きというか、勉強することが自分の仕事だと思っておられましたから、起きている間中勉強している。

それで、朝方まで勉強していて、寝て、昼頃にようやく起き出してきて、それで目を覚ますために抹茶を飲むのです。抹茶を飲み続けていますから、胃は、胃下垂で、本当に晩年はやせておられました。

パキスタンから出て来た、菩薩の思惟像（苦行釈迦像）というのがありますが、肋骨が出ている、あれほどではないにしても、本当にやせておられました。そこへ結核が再発しましたから、もう命がないのではないかと我々は心配したのですが、京都大学の教授に、もともと聞法をしておられた教授がおられて、東さんという方とか、京都大学の教授で金子大栄先生のお話を聞いたりした念仏者がおられたのです。

そういう方々が、安田先生を心配されて、病院に閉じ込めて下さった。それで、ようやく回復したのです。それでも、病院にいる間はタバコは吸えないでしょうけれど、回復して戻って来たら、また、元通りタバコを吸うという、命がけで助かったのに、もうタバコは止めれば良いのにと思うのだけれども、何と言っても、頑固者で止めないのです。

そんな状態でしたから、本当に、こんな事をして、もったいない命をどうするのだということなのですけれど。それでも、さすがにタバコは良くないと気がつかれて、ちょっと止める努力はされていました。生活は子どもみたいなのです。

そういう一面がありました。自分でこうと思ったらテコでも動かないというような頑固さですから、唯識論も、自分が良いと思ったから止めなかった。そういう頑固さもあったのでしょうけれど、ただ、頑固さだけではない。何かとにかく、あれだけずっと考え続けるというところには、何か大きな課題を持っておられたのに違いないのです。

## 如実修行相応は信心である

つまり、『華厳経』の言う、「但是心作」という根本直覚を拠点にしているという問題、そして、

『浄土論』の一番中心の問題がどこにあるかという時に、親鸞聖人は、「信巻」に「我一心」と言っているわけです。

別序に、「しばらく疑問を至してついに明証を出だす」（聖典二一〇頁）という言葉があるのですが、あの疑問の内容というものが、「信巻」を展開しているわけです。その疑問の中心は、差しあたっては、讃嘆門に対する曇鸞大師の疑問、世親の讃嘆門は、「いかなるか讃嘆する。口業をして讃嘆したまいき。かの如来の名を称し、かの如来の光明智相のごとく、かの名義のごとく、実のごとく修行し相応せんと欲うがゆえなり」（聖典一三八頁）、仏の名《みな》を称し、仏の名義と相応すると書いてある。

それで、礼拝門、讃嘆門、作願門、観察門、回向門という五念門なのですが、その讃嘆門のところに、曇鸞大師は、「かの無碍光如来の名号よく衆生の一切の無明を破す、よく衆生の一切の志願を満てたまう。しかるに称名憶念あれども、無明なお存して所願を満てざるはいかん」（聖典二一三頁）という。そういうことを『論註』でわざわざ書いて、それは名《みな》の問題なのではなくて、衆生の信心の問題なのだと。如実修行相応していないという。「実のごとく修行せざると、名義と相応せざるに由るがゆえなり」（聖典二一四頁）、実の如く修行していないということと、名義と相応していない。つまり、名の意味を知らない。名が何故名となっているのかという、名が何故誓われているのかということが分からない。名そのものが、実相を顕している。存在の真実を表しているという面と、衆生のため、物のための名だということを知らないと。

それは曇鸞大師の言葉で言えば、真実が方便の形を取っているということが理解できていないということと、名そのものが、自分の体験になっていない。理解が足りないということと、名と自分が一枚になっていないということ。

こういう二つの問題を曇鸞大師が出して、そして、如実修行相応は信心一つであると。親鸞聖人が「如実修行相応は　信心ひとつにさだめたり」と和讃されているように、名による救いということは、それと相応する衆生の心の問題だと。

こういうことで、親鸞聖人は、そこに「仏の名号をもって経の体とす」（聖典一六八頁）と曇鸞大師が書いている、その名号の救いと相応するかしないかは、衆生の信心の問題であるということで、「我一心」ということが成り立ったということは、世親菩薩の上に『無量寿経』が語る教え、その体は、「南無阿弥陀仏」である。その「南無阿弥陀仏」の教えと相応できた。「南無阿弥陀仏」が自分の上に実ったという事実が「我一心」、我に一心が成り立ったということなのだと。

こういう宣言であるということで、「世尊我一心」から始まる『願生偈』の偈文を、親鸞聖人は、「光闡横超大誓願　広由本願力廻向　為度群生彰一心」と。本願力回向に由るがゆえに、群生を度せんが為に一心を彰すと示されます。

だから、『浄土論』は、大誓願を光闡しているのだと。『浄土論』は、ちょっと読むと、五念門という行を通して、浄土の観察、止観行と言いますか、教えと教えの内容である浄土の相《すがた》と、自分の心とが、相応するという。そういう論なのではないかと読むことができます。

そうすると、『観無量寿経』の、仏陀の世界を観ずるという行、衆生の心に映るように観ていくという行、こういう行の、『観無量寿経』の論としての『浄土論』ではないかということになります。

普通、常識的に読むと、『浄土論』では観察門が中心であるように見える。観察門が圧倒的に分量が多いのです。初めの「世尊我一心　帰命尽十方無碍光如来　願生安楽国　我依修多羅　真実功徳相　説願偈総持　与仏教相応」と、初めの四行は別として、それから「観彼世界相　勝過三界道」以下、ずっと浄土の相《すがた》ですから、分量からいえば観察門中心の論だと読める。

そうすると、『観無量寿経』の論ではないか。何故、これが『大無量寿経』の論なのかとなって、『大無量寿経』の論とはなかなか読めない。しかも、『無量寿経』の成就文以下は、本願文が終わって、成就文に入ると、十二光も出て来るし、浄土の相《すがた》も出てくるし、それで下巻に入ると、本願成就文というものが出て来る。それで、一体、『浄土論』にどういう形でそれが入っているのかと読もうとすると、『浄土論』を読んで、『無量寿経』の論だと、どうして言えるのか。『観無量寿経』の論ではないかと、普通に読めば、そういうふうな考え方になるのではないかと思います。

ところが、親鸞聖人は、この論は、「横超の大誓願を光闡」しているのだと読んだ。つまり、本願が説かれているのだと読んだのです。

そう読むのは、『論註』の指示なのです。『論註』がそういうふうに本願に照らしながら、浄土の荘厳を解説しているのです。

つまり、願心荘厳と天親菩薩が言うのだから、荘厳功徳は、法蔵菩薩の願心が語られているのだと曇鸞大師は読んだのです。

だから、人間が浄土を観る内容だというふうに読んでは間違いなのだと親鸞聖人は読み込まれたのです。

よほど親鸞聖人が『浄土論』『浄土論註』を読み込まれて、天親菩薩のこの論を作られる意図は、本願を顕すことにある。一心の信心を獲た。その信心というもの、つまり、信ずるということの内容は、経典の体である名号を信ずる。名号を信ずるということは、本願を信ずる。本願名号ですから、本願の名号を信ずる。その本願の内容が展開されているのだと見抜かれたのです。

それで曇鸞大師の理解を更に突き詰めて、『浄土論』『浄土論註』の仕事を依り処にして『無量寿経』の教えを明らかにする、『無量寿経』こそが真実教であると見たということです。

『浄土論』は「三経通申《つうしん》」の論と、こういうふうに言われている。つまり、天親菩薩の『浄土論』は、『大経』なのか、『観経』なのか、『小経』なのかというのではなくて、浄土三部経全体を通じて、『浄土論』が出て来たのだと。これが、曇鸞大師の註釈なのだと。それは会座の問題から言うのです。

『大無量寿経』が説かれたのは王舎城の耆闍崛山（霊鷲山）、『観無量寿経』も同じく王舎城の耆闍崛山、そして『阿弥陀経』は舎衛国の祇園精舎であると。両方の会座のことを、曇鸞大師が、註釈の初めに言っておられる。そうすると、両方の会座ということは、『大経』『観経』『阿弥陀経』の全部を包むというようなことで、三経通申《つうしん》の論というようなことを言うのです。曇鸞大師が、『浄土論』という論は、小さい論だけれど、浄土三経の内容を『浄土論』として明らかにしたのだというふうに語っている。

その浄土三経の中心はどこにあるかといったら、経の体は「南無阿弥陀仏」だと。それが曇鸞大師の押さえです。その経の体は「南無阿弥陀仏」だと押さえるということと、「南無阿弥陀仏」と相応する心、衆生の上に経の体がある意味で具体化すると、事実になるためには、衆生がそれに相応するという課題があって、ここに本当に迷いの心から翻された心になるのが、信心であると言える。

親鸞聖人が、心自身が迷っている、「迷行惑信」と、「行に迷い信に惑い」(聖典一四九頁)と総序で書かれますけれど、心が惑っているのが、我々凡夫ですから、その惑っている心が、翻されるというところに、「世尊我一心」と、「我一心」と天親菩薩が語ることができた事実がある。我一心が成り立つ為には、成り立たせる為のはたらきと、その根拠がある。それが『無量寿経』の教えであると。

安田先生の『唯識論講義』が、何故魅力があるかと言うと、確かに難しいのですけれど、要するに菩提心の展開、つまり求道心と言いますか、この世を人間は生きて、いろいろな問題にぶつかって、惑うている。のほほんとあまり苦しまないこともあるけれど、何かにぶつかると、どうして良いか分からないというほど、もだえ苦しむ。そのもだえ苦しんで生きている人間の心が、どういうふうになることによって本当に生きていることの意味を回復しうるのかと。常にそういう求道心から思索しておられるからだと思うのです。

## 「生命誌」を途切らせる罪

現実の問題を提起して、苦しんでいる事実を知れということは、比較的分かり易い。今の若い人たちの就職がないとか、働いたけれど、不況になったら切られてしまうとか。そういう経済的事実が無茶苦茶だと。アメリカふうの価値観で、立場の上のものは圧倒的な利をとって、下のものをこき使って、自分の都合で首を切るという。こういう価値観が当たり前だというのが、アメリカの思想ですから、勝ち組に成りたかったら、トップになれと。そうでなければ切り捨てられてもしようがないではないかという。そういう発想が、圧倒的に、アメリカンドリーム（American Dream）を支えてもいるし、そういう価値観が動いているわけです。

だから、あのようなことがどうしてできるのかというほど、会社の社長が、九割の利益を自分で取ってしまって、社員には一割を分けてやると。そのようなことをして良く殺されないでいられるものだと思うほどのことです。

そのように金を取って、それでどうするのだというほどの金を取って、でも怨まれもせずに、アメリカでは、平気で生きている。怨むのならば、自分自身がそうなれというような、自己責任だというわけです。そういう発想でしょう。

それはどういうものでしょうか。言うならば、よほどの条件と、よほどの能力と、生まれついての運でもあればそういうこともありうるけれど、大概は、親からもらった利権、中国でいえば、建国以来もう二世が実権を握るらしいけれども。そういうふうに一世の親からもらった条件が有利なら、スタートラインが違うわけです。百メートル走るのに、片方は五十メートル先から出ているようなものです。どれだけ速い人であっても、百メートル後から出たのでは間に合わない。でも、この世の中は、大体、そういうことでしょう。

能力でも、与えられた人は、スタートが速いのと同じかも知れませんけれど、親からもらったとか、先祖代々とか、そういうことをもらっている方が圧倒的に有利です。それを自己責任という言葉で、みんな平等だなどというのは嘘八百です。でも、それはどっちが良いか、何が良いかは、そういうことは分かりません。分かりませんけれど、でも、そういう論理だけが正しいというのは、どうかと思うのです。

これは、どこかで革命が起こるかもしれない。この間は、ニューヨークで人口の一パーセントがアメリカの資本のほとんどを握っているのはおかしいと、九十九パーセントにも少しまわせといって、ニューヨークの真ん中で大変な数の人がデモをしたらしいけれども、権力によって潰されて、今はなくなってしまったらしいですけれど、当然そういうことは出て来ますでしょう。眼に見えるそういう問題は、問題に出すこともできるけれど、回答は難しいでしょう。叫びとか、嘆きというものを出すだけでも相当大きな意味があると思いますけれど。シリア一つとってもそうですけれど、ワーッと応援して、では政権を潰せるかといったら、ヨーロッパやアメリカが一斉にかかったけれども、最後まではやれずに、尻込みをしてしまいました。

実際やり出したら、イラン、イラク、あるいはアフガニスタンと同じことになりかねないから、大変難しいわけでしょう。それは、当事者同士の争いというのは、傍から見ているほど容易なものではないですから。だから、問題を見たり出したり報道したりすることは、まあ、比較的できることはあるかも知れませんけれど、それを解決するということは、永遠の課題に近いわけでしょう。

本当の解決というのは、ないのではないかと思います。少し良くしていくという努力をして、また失敗して、また出直してというところでしょうか。安田先生が、人間の歴史というのは、国を造っては壊れ、造っては壊れした歴史なのだと。だから、法蔵願心は、国を建てようとしたのだと、そういう言い方をされましたけれど、人間の歴史は失敗の歴史だと。どうやってみても絶対に成功することはない。絶望的といえば、絶望的なのですけれど。人間がやることとなすことというのは、どっちに向かって歩んでいくのか、流転輪廻ですから、決してそれで解脱の方向には行かない。

ある解決を求めてやれば、必ず違う問題が出て来る。一つ解決すれば前より良くなったかといえば、悪くなることの方が多い。そういうのが人間の営みのようです。同じところをぐるぐる流転しているわけでしょう。そういう流転をせざるを得ないし、人間はその中でも努力して、少しでも良くしようとするけれども、悲しきかな、凡夫であるということと、生きている人間自身が問題を少しも解決できない人間だということです。

みんな、本質は、愚かな凡夫として生きていますから、外側だけを変えてみても、みんな、それをすり抜けていくわけです。凡夫が、より良く自分のところの利権を取ろうとし、自分たちの方が良い場所を取ろうとするわけです。

私のところは、隅田公園に近くて、スカイツリーが目の前にドーンと見えるわけですけれど、毎年桜のシーズンになると、場所取りをするのです。公園は、公の場所ですから公園というのですけれど、公園に前の日から青テープを大地に貼るのです。公の場所なのだけれども、ここはおれの場所だというわけで、それぞれ先に利権を取っておいて、そこで桜を見、酒を飲もうというわけです。

そこは、公園であって、公なのだというのは、それは理性としてはそうなのですけれども、自分は良いところで酒を飲みたいという、欲の塊の方の論理の方が強いわけです。もし、公の場所だからそのようなことは駄目だといって、テープを剝がそうものならば、大げんかになる。そういうのが、人間です。正直な人間のすがたです。そういう一面があるということ、愚かな凡夫には、それは止められないのです。

この愚かな凡夫でありながら、しかし、矛盾とか問題とかが起こってきた時に、どうすればいいか、どうしてみようもない。けれども、捨てておけないという。そういう問題がやはり、放っておけない事態まで来ている。今日の問題提起として、初めに出しました原子力を使って生きていくということが、限界情況にまで来てしまっているのもその一つです。

今度、原子力発電で使用済みとなった廃棄物を地中に埋めるという法律を作るとかいう話ですけれども、埋めるといってもどこに埋めるのでしょうか。埋めるために深く掘って、埋めて、それの影響が出てこないという保証はないし、埋めたのがどういうふうにして、表に影響を与えないと言えるのか。何メーター掘るのか、二千メーターぐらい掘るのでしょうか。どうするのか知りませんけれど。それでも、そういうことに携わってそこまで持っていく人は、どのくらい放射線を浴びるのかとか、浴びる限度が、これ以上は命の危険に関わる限度を一応決めて、その限度いっぱい働いた人はそれ以上仕事ができないのだという。そういう矛盾のところまで来ていますでしょう。

命は要らないという人には許して良いのか、駄目なのか。だから、原子力の問題というのは、そのまま放って済ましてはいけない大きな課題なのでしょう。

原発を止めるということは、電力を使えばいいという善の立場をすこし自己規制する方向に立つということですから、これはやっかいです。さっきの例でいえば、桜が咲いても、テープを貼らないようにしようではないかというような話ですから。これはなかなかできないでしょう。ましてや、それに沢山の利権が絡んでいますから、食えなくなるではないかという人が出て来るに違いないわけです。そういうことは、どうするのかという問題も絡みます。

それでも、やはりこのままでは良くないのではないかということを、私はちょっと書いてみたわけです。そうしたら、今度出るアンジャリに、生命学者で、生命誌研究館の館長をしておられる中村桂子さんという方が執筆して下さったのですが、この方が、人間の命の歴史というものは、何千年か、何万年か、何億年か知りませんけれど、生命の歴史が、生まれては死に、生まれては死にして生きて来た。その全体を生命誌という言葉で表現されて、その生命誌というものを途切らせてしまうということは、許されるべきではないと。

そういう危険性のあることを続けることについては、止める方向で考えなければいけないのではないかと言って。何が善だとか、悪だとかということを言うつもりはないけれども、そういう可能性の高いことを続けて、今の人間だけが生き終わって、死んでいって、後の人間が、生命誌が切れてしまうというような可能性のあることをやってはいけないのではないかという文章を書いておられました。

そのくらい大変な問題だということなのです。この頃いろいろなことが見直されてきています。今日の新聞でも、熊本の県知事がダムを壊すと言われたと出ていました。これまではダムを造って利権を得て、利益を得て、それで電力ができたり、田畑に水がいったりと、良い面ばかり言ってきたけれど、それが、どうも違う面で悪影響があることが解って来たのだというのです。だからダムを壊すという。ダムを壊すためにすごい額のお金が要るし、造る方については元気が出るけれども、壊す方というのは、人間にとってうっとうしいものです。

これまで造り上げたコンクリート文化でも、建て替えるためには壊さなければなりませんから、エンパイヤステートビルでも、あれでもいずれ壊さなければならない。壊す方法やら、お金やらが計算されているらしいのです。そういう時代になって来ています。だから造る文化だけが文化でなくなって、壊さなければならないという時代が来ているのです。

近代文明というのは、造る一方で、造ることが人類を破滅させるものまで造ってきているわけだから、今度は、それを壊していかなければならない。大変な時代が来たなということを思うと共に、やはり我々自身の足場をもう一度、罪悪深重の身を生きているのだということに立って見直さなければいけないのでしょう。だから、そう何でもかんでも自分に都合の良いように作りかえて、造っていく方向だけの文明はかえってあやしいというか、危ないというか、そういう見方もしっかりと足を地につけて見直していかなければいけないのではないかということを思っているのです。

私がこのたび出したテーマは、「信巻」の中心の問題である「一心」という、「一心」という問題が人間に何を与えるのか、何の為に「一心」を我々は得る必要があるのかという。そういうことを、親鸞聖人は、「信巻」で随分と苦労しながら語って下さっているのではないかと思うのです。

そのことに、『願生偈』と『唯識論』とは、どちらも深く関わっている。そういうふうに見て、『唯識論』の問題をもう少し、基礎学としても、そして、「南無阿弥陀仏」をいただいていく我々の心の問題としても、学び直していく必要があるのではないかと思うのです。

浄土真宗を明らかにするについて、基礎学としての『唯識論』の学びということを、もう少しやっておくと、念仏の救いということを本当に「一心」としていただいていけるのではないかと、こんなことも思うものですから、「金剛の真心」というテーマを出して考え直してみようかなと思ったようなことです。

（以上　二〇一二年八月二十五日講義分）

## 「金剛の真心」と「一心」

親鸞聖人は「信巻」で、天親菩薩の「世尊我一心」と述べて、その「我一心」という問題に、大きな課題を見ておられます。

それは、「信巻」別序に「一心の華文」という言葉を書いておられるということがあり、更に「証巻」の結びで、「論主（天親）は広大無碍の一心を宣布して」（聖典二九八頁）といって、一心に広大無碍という言葉を乗せておられるということ。そういうことがあって、信・証ということとを包んで一心という問題が一貫しているということが、親鸞聖人の見ておられる一つの視点だろうと思うのです。

それでテーマを「金剛の真心」と出しましたのは、第二十八期の親鸞講座が終わりましたけれど、その最後に、善導大師の三心《さんじん》釈の「衆生貪瞋煩悩中　能生清浄願往生心」（真聖全一・五六頁）という非常に大事な善導大師のお言葉について、触れておりました。

貪瞋煩悩の中に、願往生の心をよく生ずると、能生すると。こういう善導大師のお言葉があって、それを親鸞聖人は、大事な問題として解釈していかれます。

そして、その能生清浄願往生心という言葉を註釈するについて、「「能生清浄願心」と言うは」（聖典二三五頁）と書いて、「金剛の真心を獲得するなり」と、こう押さえておられるということです。

それで、「一心」ということを、「金剛の真心」と押さえ直されたということ、これは、安田先生は、『願生偈』を一生の間、あちらこちらの会座で講義をなさりましたけれど、その一つを選集に入れるについては、テープ整理がまだできていなかった段階で、選集に入れようとしたのですが。選集の巻数で、当てた割合が、初めは二冊で何とかなるかと思ったら、足りないものですから、上下巻に分けたりして、四冊にしたけれど収まらない。それで、結局、『願生偈』の講義を途中で切ってしまっているのです。申し訳ないことをしているのです。

安田先生は、『願生偈』を繰り返し、繰り返し、あちらこちらの会座で講義されて、『三十頌』

の講義と共に、『願生偈』を一生の課題としておられました。その先生が、『願生偈』のことを『一心偈』とおっしゃるのです。『一心偈』ということは、先生が独自につけた名前なのか、他にもおっしゃっている方があるのか、それは調べていませんけれど、『一心偈』と言われるのは、親鸞聖人が「一心の華文」、「論主は広大無碍の一心を宣布して」と書いておられるから、一心の内容を『願生偈』として表現したという親鸞聖人の了解がある。だから、『願生偈』は『一心偈』だと、こういうふうに安田先生は見ておられたのです。

「我一心」ということは、言うまでもなく、『願生偈』の初めの出だしが、「世尊我一心　帰命尽十方無碍光如来　願生安楽国」から始まるわけですから、その「我一心」ということは、「世尊よ」と呼んで、この世尊は釈迦如来ですが、釈迦如来を呼んで、「我一心」と始まるわけです。

そこにおそらく善導大師が持っておられる問いがあって、『観経疏』の初頭に置かれている偈文、『十四行偈』(声明の方では『勧衆偈』といわれ、『真宗聖典』では『帰三宝偈』)と言われていますが、そこでは「道俗時衆等」から始まっています。仏教の信者一切を道俗といってきたことがありますので、道俗時衆等といって、「今の時のもろもろの人々よ」と。

「道俗時衆等　各発無上心　生死甚難厭　仏法復難欣　共発金剛志　横超断四流　願入弥陀界　帰依合掌礼」と続いていくわけです。

そこに、「各発無上心」とあって各々無上心を発すと。しかし、生死はなはだ厭い難く、仏法また欣い難しと。共発金剛志、共に金剛の志を発して、横ざまに四流を超断して、願入弥陀界、願わくは弥陀の世界に入らんと。帰依合掌礼。拝読する時には、一旦そこで切って、もう一度「世尊我一心」と、調声するようになっておりますのですが、そこで、「世尊我一心」と出て来るわけです。

「世尊我一心　帰命尽十方　法性真如海　報化等諸仏　一一菩薩身　眷属等無量」と、ずっとその帰命する内容が、善導大師の場合は、諸仏、菩薩など沢山の方を呼び出して、それに帰命するというふうになっていて、その内容が、「帰命尽十方　法性真如海　報化等諸仏　一一菩薩身」というふうに展開していきますから、始めに法が出されて、そして諸仏が出されて、それで菩薩が出て来るということで、仏・法・僧の三宝に帰依するということが、「我一心」の内容になっているということで、『帰三宝偈』という呼び方があるわけです。

その前の初めのところに、「道俗時衆等」と呼びかける。人々よと呼びかけているから、『勧衆偈』、もろもろの人々に勧めるという、『勧衆偈』という名前がついているのも、まあ、頷けないわけではないけれども、内容は『帰三宝偈』です。

どちらにしても、「我一心」ということがあるということは、善導大師が、天親菩薩を受けていることは明らかです。

そして、「正受金剛心」というふうに押さえて来るわけです。「共発金剛志」と、金剛の志ということが、初めにありますけれど、「報化等諸仏　一一菩薩身　眷属等無量　荘厳及変化　十地三賢海」と展開していって、「正受金剛心」と結んできます。

正しく金剛の心を受けると。「正受」、正しく受けるという言葉がある。正受金剛心と。それで、「一心」と「金剛心」という押さえを親鸞聖人は、何か大事なものとして見ておられます。

『唯識論』の論師が、『願生偈』を書くというのは、その必然性がちょっと見えないものですから、同一人物の著作ではないなどという意見もあるのですけれど、曇鸞大師は中国の祖師であり、天親菩薩はインドの祖師ですけれども、曇鸞大師は、天親菩薩から百数十年ほど後の人です。

ですから、それほど遠くない時代に、菩提流支三蔵（玄奘三蔵）が翻訳したことを経て、『願生偈』を自分の依り処にされたわけです。菩提流支三蔵は『唯識論』も知っておられる。天親菩薩の『十地経論』も翻訳しておられる人ですから、知っているどころではない、世親菩薩が書いた他の論書と『願生偈』とを一緒に中国にもってきているわけですから、違う人間であるはずがないのです。

そういうことがありますけれど、『浄土論』を何故作ったのかという問いについて、龍樹菩薩も、天親菩薩も願生したのだと。それは、例の「不虚作住持功徳」の文、「観仏本願力　遇無空過者　能令速満足　功徳大宝海」という、その「不虚作住持功徳」の文を、天親菩薩自身が解義分で、註釈していて、これを「証巻」に親鸞聖人が引用されています。そこに、曇鸞大師がさらに註を加えられて、天親菩薩も龍樹菩薩も願生したのは、「不虚作住持功徳」のことがあるからだという。それは、遇無空過者、遇《もうあ》えば空過ということがないからである、と。

## 二尊の教えは二河譬の要

この問題は菩薩道の問題として、菩提心が本当に持続するか否かという問題として菩薩十地の七地というところに人間の限界があるという。これを安田先生も時々言っておられました。菩提心とか、求道心というけれど、人間に起こる心には、必ず行き詰まりがある。普通の行き詰まりは、周りの人の刺激とか、自分自身の自己克服で、壁を乗り越えていくという努力がなし得るけれど、七地の課題というのは、乗り越えることができない。人間の能力の限界なのだと言われておりました。

それは、曇鸞大師が、七地沈空の難と言われて、「上に諸仏の求むべきを見ず、下に衆生の度すべきを見ず」（聖典二八六頁）と言って「二乗と異なけん」と言われます。

つまり、一切平等だという智見、一切皆空の智見、すべては空である。執われて上下を見るのは、迷いだと。こういう課題を菩薩が何とか克服しようとして、歩んで来て、なるほど一如に触れれば、あるがまま、そのままで人間の分別を破って、平等であるという。平等法界に触れたという体験、これは小乗仏教の解脱・涅槃と言っても良いのでしょうけれど、そういうところに入ったら、そこから脱出することはできないのだと言われます。

堕落もしない代わりに、一歩も進めなくなる。そういう限界が小乗仏教自身には見えていない。

それを如何にして乗り越えられるかという課題があると大乗の菩薩道がその限界を発見したわけです。

『華厳経』は、物語としては七地から、八地、九地、十地と展開するのですけれども、七地から八地へというところは、人間の側から行けるものではないということがある。そういう言い方を安田先生はしておられました。

龍樹菩薩は『十住毘婆沙論』で願生ということを言っている。「易行品」を出す時に、阿弥陀如来の浄土を願生すると。『十地経』の註釈である『十住毘婆沙論』なのですが、一切の求道者の不退転の要求の為に、本願力を要求している。『十地経』も『十住経』も内容は同じで、十地の菩薩道の経です。その菩薩道の経を初地、二地と解釈して二地で終わっているのです。三地以降の翻訳がないのです。

その初地の「阿惟越致（不退転）品」のところに、龍樹菩薩が「易行品」を置いていて、その中に「弥陀章」というものを置いて、阿弥陀の本願ということを出して来ています。「称名憶念」ということも出して来ています。

これは何の為かというと、七地というところに課題があるのです。これを曇鸞大師は、空に沈む、沈空と書いているわけです。早くに覚りが開きたい、一番究極のところが欲しい。涅槃に触れたいという課題を求めて歩んで来て、一切平等に触れたと思った途端に、「仏道を捨てて実際を証せんとす」と、もうそれきり動けなくなるという。こういうことが、大乗仏道の大問題であるのだと教えられます。これを乗り越えるために願生するのだというふうに曇鸞大師は註釈をしています。

このことと、『一心偈』というふうに言われるような一心が、内に偈を持つと言いますか。唯識が触れた『華厳経』の一心は、あらゆるものを映して十二因縁のすべて、迷いの流転の命のすべて、迷いと知るということは、心のはたらきなのだと、心の作であると、こういうところまでは言っているわけですけれども、平等を見てしまってそこから出られないという課題がある。

そのことと、善導大師が天親菩薩の『浄土論』を、あちらこちらに引用しますから、『浄土論』を徹底的に読んでいるということは事実です。『観無量寿経』を解釈するについて、作った偈文にも、「世尊我一心　帰命尽十方　法性真如海　報化等諸仏　一一菩薩身　眷属等無量」と偈を詠い始めるわけですから、天親菩薩の『浄土論』を受けていることは明らかでしょう。

そこに「金剛心」ということを置いています。

世尊という呼びかけは、これは釈迦如来に対する呼びかけですが、『観無量寿経』という経典は、お釈迦さまの教えであると同時に、阿弥陀如来の教えです。

「今乗二尊教　広開浄土門」（聖典一四七頁）今、二尊の教えに乗じて、広く浄土の門をひらくと言って、二尊教という言葉も『十四行偈』の中にあるわけです。

その二尊の教えという、釈迦教ということ、これは道綽禅師が、末法ということを強くおっしゃって、正法の時代、釈尊の教えと釈尊の時代、その影響のあった五百年、正法の時代の教え、その教え方というものが、これは聖道門と言われる教えなのだと。浄土門の教えは、像末法滅に対応すると言われる。もう人類が滅んでいくような時に、この教えが本当に意味をもつというふうに、道綽禅師は、押さえたわけです。

善導大師は、釈尊は亡くなっておられるけれど、釈尊の言葉が残っている。残っている言葉が「行け」と発遣する。生死の迷いに止まるな。生死を超えていけと勧めるのだと。勧めるけれど、その時に、浄土教でないならば、行けというよりは、自分の覚った世界に来いと、聖道門の立場であれば釈尊を理想像として、釈尊に近づこう、釈尊になろうとする。

そういう教え方、釈尊を、理想的人間としてブッダという名前があり、人間が翻されて、仏陀になるという。仏陀は人間の理想像として、そういう釈尊に近づこうとして、釈尊を追いかけるような形で、教えを聞きますから、いわば、釈尊が「我がところに来い」と言う。そういう教え方になっているわけです。『法華経』などは、典型的な言い方で、わしこそ本当だからわしのところに来いという言い方の釈尊なのです。

釈尊自身が、久遠劫来の仏陀である、と。久遠寺という日蓮宗のお寺もありますけれど、自分は、もう単なる肉体ではない、自分は法身である。自分自身が久遠劫来の仏陀であるというふうにして、自分の教えのところに来いという呼び掛け方をしているのです。

ところが、浄土教では、釈尊は、入滅して、もうこの世にはいないけれども、教えが残っていて、その教えが、行けと勧めるのだと善導大師は言っているわけです。「発遣の教主」という言い方です。行けと、どこに向かって行けと言うかというと、阿弥陀の浄土、阿弥陀の浄土が呼んでいる。阿弥陀の浄土に向かって行け、と。こういうふうに勧める。

善導大師の譬喩で、二河譬では、あの譬喩は、信心を守護するために譬喩を説こうと言って、譬喩をもって信心を護る。信心を守護すると。二河譬は、譬喩なのだ、喩えなのだと言われる。

その喩えとして、貪瞋二河、貪瞋煩悩中に、人間は行者として、西に向かって行く存在であると。西に向かってという形で始まっている。西に向かって行くというところには、意味があると安田先生は言っておられました。それは、西というところは、太陽の入る方向、一日が終わる方向、日が沈んでいく、それは、イメージとして命が終わるということを語りかけている。日が沈むところに人間の心も静まっていくし、命も静まっていく。象徴的には、命の終わり、死をイメージしている、と。

だから、西の方に浄土があるというところに、臨終来迎の教えが絡むわけです。ともかく、西に向かって行かんと欲すと。行者が西に行こうとすると、目の前に貪瞋二河がある。つまり行かしめないはたらきとしての煩悩のはたらき、貪欲やら、瞋恚やらというものが起こって来て、道を邪魔する。道を邪魔するというよりも、もう前が見えないと。

そして、ふと後を振り返ると、群賊悪獣が襲ってくる。横に逃げていこうと思うと悪獣毒虫が襲ってくる。前に行こうすると貪瞋二河がある。もう、これでお終いだと思う。「三定死」という言葉が出て来ております。もう終わりだから、しかたがない、前に向かって行こうと思うと、そこに細い道がある。白道と語られているその白道に足を乗せる。その道の幅は四五寸ばかりだと。

幅四五寸の道が真っ直ぐに通っている。河幅は百歩だと、「百歩とは、人寿百歳に譬うるなり」（聖典四五三頁）と言っていますけれど、東西は百歩だと。煩悩の世界は限りがない。南北はほとりがないという譬喩です。

貪瞋煩悩の中に、白道を見出し、その道を行こうと思った時に、「仁者ただ決定してこの道を尋ねて行け、必ず死の難なけん。もし住《とど》まらばすなわち死せん」（聖典二二〇頁）と。必ず行くことができると言って、勧めて下さるのが、発遣の教主、釈尊の教えです。

その時に、同時に西の岸からは、「汝一心に正念にして直ちに来れ、我よく汝を護らん。すべて水火の難に堕せんことを畏れざれ」という声が聞こえる。そこに阿弥陀の呼び掛けと釈尊の勧めとが、この行者の上に出遇うという譬喩になっているわけです。「汝一心に正念にして直ちに来れ、我よく汝を護らん」という、これは譬喩であると。

## 其仏本願力　聞名欲往生

親鸞聖人は、「信巻」の初めに、「心光摂護の一心」（聖典二一一頁）と言われて、心の光が摂して護るという言葉を書いておられます。

「心光」というのは、阿弥陀の大悲の心、大悲の心の光、心は阿弥陀の心なのでしょうけれど、行者の闇を照らすようなはたらきも起こっているわけでしょう。阿弥陀の心の光が行者の闇の心を照らして護る。

「心光摂護の一心」と、ここに「一心」という言葉を使っておられるのです。そして、善導大師は、『観無量寿経』の眼目は、経の最後にある「汝好持是語。持是語者、即是持無量寿仏名」（聖典一二二頁）といって、無量寿仏の名《みな》を称えよということが、『観無量寿経』の一番大事な仏陀の隠された願いだということを、言われるのです。

それに先だって、散善に入ったところの上品上生釈の始めに三心《さんじん》がある。

浄土に生まれんと欲わば、三心を具すべしと、三心を具すれば必ず生まれることを得ると。

「具三心者、必生彼国」（聖典一一二頁）と書いてある。

その具三心について『観無量寿経』には、一者至誠心、二者深心、三者回向発願心、この三心《さんじん》を具すれば必ず生まれることを得る、と書いてある。その三心について善導大師が、親鸞聖人がご引用になったような長い註釈をされています。

その三心についての譬喩が二河譬ですから。『観無量寿経』は、定散二善を説いているようだけれども、つまり自力の努力を説いているようだけれども、隠と顕、つまり、顕わに教えを説いている釈尊の隠れた密意は、仏の名号を信ぜよというところにあるのだ。更に言えば、本願を信ぜよというところにあるのだと。

「望仏本願意在衆生　一向専称弥陀仏名」（真聖全一・五五八頁）と、「仏の本願の意を望まんには、衆生をして一向に専ら弥陀仏の名を称せしむるにあり」（聖典三五〇頁）と、『観経』の最後の「汝好持是語。持是語者、即是持無量寿仏名」（聖典一二二頁）を註釈して、そういうふうに善導大師は書いているのです。

「仏の本願の意を望まんには」（聖典三五〇頁）と、教えの言葉に書いてある言葉全部に執らわれずに、その教えの言葉を通して説こうとしている仏陀の隠れた意図にぶつかれば、それは本願だと。仏の本願の意に望むれば、称名せよというところにあるのだと。こういうふうに善導大師は、『観無量寿経』を読まれたのです。

三心《さんじん》の註釈をしながら、譬喩を説いて、それは単に至誠心・深心・回向発願心の中の、回向発願心の譬喩というわけではなくて、信心の譬喩、つまり、三心全体を包む譬喩だというふうにいわれるわけです。

その中心が、今の、白道に乗るという決断、そこに「汝一心に正念にして直ちに来れ、我よく汝を護らん。すべて水火の難に堕せんことを畏れざれ」と、「一心」という言葉があるのです。釈尊教で、「一心」を求めるということであれば、『唯識論』のように止観行や、唯識観を通して、転識得智する、識を転じて智を得ると。迷いの意識、煩悩に迷わされてある意識を徹底的に内観して、煩悩の構造、意識の構造をよくよく知って、そして迷っている意識を転ずる。転じていくという要求は、菩提心ですけれど、その菩提心の要求を教えの言葉を通して、そして一心を獲得すると。

一心とは、転じた智慧、「八識転じて四智（成所作智・妙観察智・平等性智・大円鏡智）を得る」と言われています。

五識（眼識・耳識・鼻識・舌識・身識）を転じて成所作智、六識（意識）を転じて妙観察智、第七識を転じて平等性智、第八識を転じて大円鏡智という四智を得る。識を転じて智を得るということにおいて、仏になる。大菩提を得る。大菩提を得て、大涅槃を獲得する。

大菩提というのは、意識を転じて得るから、転じて得る智慧「所転得」。迷いの意識を消してしまったら、何も無くなってしまうけれども、迷いの意識を転じて、迷っていないような意識、それを智慧と名づける。迷わないような意識になる、転識得智、所転得。そうすると、迷った意識に感じていた煩悩が転じて、菩提の水となるということがありますけれど、涅槃を得るから、「所生得」、こちらは大涅槃です。

こういうふうに唯識では仏教用語というものを、定義していて迷いの意識が間違った認識か、間違ったとらえ方をしていることを翻す。仏陀の教えの言葉を通して翻せば、仏陀が獲得した菩提の智慧、涅槃の果というものを獲得できるのだ、と。こういうところまで、教えとしては展開しているのです。

そういう教え方を明らかにした世親菩薩が、『願生偈』を書くということは、曇鸞大師がいうように、第七地の七地沈空の難を超えんが為に、本願力に依る。本願力を願求する。求めずにおられないと。本願力のたすけを受けなければ、自分は歩めなくなる。こういう大問題がある。大乗の菩薩として仏果に向かうために、乗り越えることのできない難関を乗り越えたいという時に、願生せずにおられないのだと。このように曇鸞大師は、龍樹菩薩や天親菩薩の願生の意図を押さえたわけです。

そのことと、親鸞聖人が「信巻」に引用される東方偈の言葉、「其仏本願力　聞名欲往生」（真聖全二・七一頁）ということがある。これが「行巻」に引用される時は、「其仏本願力　聞名欲往生　皆悉到彼国　自致不退転」（真聖全二・六頁）と、そこまで引用するのです。

これは有名な偈文で、「其仏本願力」、その仏の本願力は、「聞名欲往生」、名を聞いて往生せんと欲えば、「皆悉到彼国　自致不退転」。皆悉く、彼の国に到りて自ずから不退転に致ると。こういう言葉なのですが、その言葉全部を「行巻」では引用しています（聖典一五八頁参照）。ところが、「信巻」では、「其仏本願力　聞名欲往生」までを引用されるのです（聖典二三九頁参照）。

「信巻」の初めには、「至心信楽の願」「正定聚の機」と書いておられて、真実信心によって正定聚を獲る。真実信心を獲得するということは、正定聚を獲るということなのだと、このことを親鸞聖人は繰り返しおっしゃるのです。つまり、正定聚に住するということは、信心を獲るということと、同じことなのです。

信心を獲るということができるなら、もうそのまま正定聚に住するのだと。正定聚に住するという利益を、信心を獲るということは持っている。信心を獲てから正定聚に住しに行くのではなくて、信心を獲れば正定聚に住する。これが「信巻」の課題です。

それであったら、「其仏本願力　聞名欲往生　皆悉到彼国　自致不退転」まで引用して下さったら良いはずなのに、どういうわけか、親鸞聖人は「信巻」ではあえて、「其仏本願力　聞名欲往生」で切っています。

何故だろう。名号の功徳として引かれる時には、「其仏本願力　聞名欲往生　皆悉到彼国　自致不退転」まで、書かれる。

六字釈のところ（聖典一七七頁参照）でも、不退転の問題を「行巻」の中で語っておられます。けれども、「正定聚の機」、つまり人間が本当に正定聚を獲るのは、信心、名号の中に正定聚を与えるような力が本願力にはあるのだ。名号自身が衆生に不退転を与えるという意味をもった名なのだと。こういう意味で「行巻」を展開する時には、「其仏本願力　聞名欲往生　皆悉到彼国　自致不退転」まで引用されるのでしょう。ところが、信心を、我々がいただく時には、「其仏本願力　聞名欲往生」と。

つまり、先ほどの二河譬の白道に乗らんと欲すという。それは、善導大師は、「衆生貪瞋煩悩中　能生清浄願往生心」だといわれて。願往生、浄土に往かんと欲う心が、白道に譬えられてある。「「四五寸」と言うは、衆生の四大・五陰に喩うるなり」（聖典二三五頁）と言いますけれど、この肉体、この有限の身のところに、願生の欲求が起こるのだと。そういう喩えです。

ところが、それを親鸞聖人は、「金剛の真心」を獲得する喩えなのだと。願生と善導大師が語った意欲は、信心なのだと。本願を信ずるということが、願生という内容を持っている。だから、あえて願生するということ、我々の迷いの心の中に浄土を想って、そっちへ往きたいと願うという願生、これは自力の願生です。それだと願生づのりという問題を払拭できないのです。

お前は不真面目だから願生していないではないか、そのような人間が念仏してもたすからないぞと脅かす。願生せよと言われても願生したいと思いません、と。こういうことを『歎異抄』第九条のあの唯円の問いは問題にしている。唯円が自分はまだこの世に居たいのですと言うのに対して、親鸞はそのようなものには念仏の利益はないから、しっかり願生しなさいと言うと思ったら、「親鸞もこの不審ありつるに、唯円房おなじこころにてありけり」と言われた。

真実信心に立っていても、この世に執着するし、浄土に往きたくないというような心があっても、煩悩具足の凡夫であるから当然であると。

そういう心と真実信心とはどういう関係になるのか。これを自力の思いで解釈しようとすると、矛盾が解けない。

私は、それが「欲生心成就の文」ということの秘密だと思ったのです。

欲生心成就の文は、至心回向とあり、『讃阿弥陀仏偈』には、「あらゆるもの阿弥陀の徳号を聞きて、信心歓喜して聞くところを慶ばんこと、いまし一念におよぶまでせん。至心の者回向したまえり。生まれんと願ずれば、みな往くことを得しむ」（聖典二一四頁）と、至心者回向とある。

それで至心回向は至心に回向したまえりだと。至心者は、至心のひと（これは如来を表している）、回向したまえりと、こういうふうに親鸞聖人は読まれて、至心ということは、「至心信楽欲生」の至心、第十八願の至心、この至心は、『観無量寿経』の至誠心とは意味が違うのだと。『観無量寿経』の至誠心は、人間の真面目さを要求している。

けれど人間は、不実である。曇鸞大師の『論註』の始めに、『願生偈』の言葉、「我依修多羅真実功徳相　説願偈総持　与仏教相応」（聖典一七〇頁）という、あの真実功徳相の註釈のところに、「「真実功徳相」は、二種の功徳あり」と言って、一つには、人天の不実功徳、二つには、菩薩の真実功徳だと。

これは、普通人間が思っている真実功徳は、不実功徳だということが、曇鸞大師の教えの意図です。人天の行としての真実功徳という思いは、不実なのだと。

菩薩、この場合は法蔵菩薩です。法蔵菩薩の功徳は真実功徳だと。親鸞聖人は名号が真実功徳だとおっしゃるのです。

人間の為す功徳は、不実功徳だと。不実功徳ということは、真実にならない。人間としては、真実だと思って、真実の功徳だと思って執らわれるけれども、人間が関わった場合には、不実功徳でしかあり得ないのだという厳しい押さえなのです。

そうすると、人間の不実功徳を通して仏教と相応することはできない。仏陀の真実と相応することはできないということになるのです。

そこに、曇鸞大師の厳しい教えがある。ですから、不虚作住持の功徳も、これは阿弥陀如来の功徳です。阿弥陀如来が住持し、支えて、阿弥陀如来が成就しているということなのです。

物語として、因願・成就という物語を建てていますから、これが人間にはなかなか分からないのですけれども、果でありながら因である。因でありながら果である。願力成就ということを不虚作住持功徳の註釈で、「不虚作住持は、本法蔵菩薩の四十八願と、今日阿弥陀如来の自在神力とに依る。願もって力を成ず、力もって願に就く。願、徒然ならず、力、虚設ならず。力・願相符うて畢竟じて差わず。かるがゆえに成就と曰う」（聖典一九八、一九九頁）と曇鸞大師が言います。それを親鸞聖人は、「行巻」の結びに引用されます。

物語を包んだ名号、『大無量寿経』の内容は名号の内容です。「南無阿弥陀仏」の内容が本願として展開し、因願成就の物語となって展開する。こういう理解が、曇鸞大師、親鸞聖人に通じた名号理解です。体は名号です。「南無阿弥陀仏」です。「南無阿弥陀仏」が内に譬喩を孕み、物語を孕むのです。

これはどういうことかというと、人間の意欲、欲生心、我々に起こる意欲は、情況の中に起こるから煩悩絡みなのです。人間の愛というのは、欲なのです。純粋な愛というようなことを言いますけれど、小説ではそういうことを言うけれど、人間の愛というのは、不純粋だと。これはキリスト教でも、アガペー（agapē）とエロース（Erōs）といいますね。

エロースも単なる肉体の愛だけではない。エロースというのは、芸術に対する愛、学問に対する愛もある。人間のすべての愛は、エロースという言葉で言われていて、それに対して、絶対の愛、これは人間からは考えられない。人間は相対的ですから、絶対なる神の愛は、アガペーという言葉で教えられているということがあるようです。

それは、聖書の物語としていろいろな形で教えられているのでしょうけれど、人間には限界があり、したがって不純粋である。仏教ではそれは煩悩絡みであるという。煩悩絡みであるし、有限であるがゆえに、持続しない。時間の中に流れていってしまう。同一の質をもって持続するということはないのです。

ある時には、こう思ったけれど、ある時には駄目だと。情況しだいですから、同じ味の料理を作っても、一回目は美味いと思うけれど、二回目は大したことない。三回目はまたこれかという話になるでしょう。

「何故、同じものを作ったのに、二度目になったらほめてくれないの」などと言われると困ってしまうわけです。そうすると嘘を言うしかない。人間というのは、そういうものです。同じものなら、同じように感動するかというと、そうはいかない。初めてなら感動するけれど、三度になったら、またかということになってしまうのです。

それが有限であるし、情況次第で変わっていくということでしょう。人間というのは、そういうふうに、行為にしろ、価値観にしろ、功徳にしろ、情況次第です。いい加減な情況というわけではないけれども、どれだけ真面目に思っていても、どれだけ一生懸命思っていても、情況に振り回される。そういうのが人間存在でしょう。不真面目でなるのではなくて、真面目であってもなるのです。

そういうところを、曇鸞大師は、きちっと押さえるわけです。それで親鸞聖人は、あの至心は如来の真実だと。真実ということは、如来の真実、如来の真実であるなら、名号を体とする。名号こそが真実功徳だから、至心は、真実だと。こういうふうに言うわけです。

その真実を映してくるのが、信楽だから信楽の体は、至心である。その信楽を内にもつから、欲生も真実であると。「真実の信楽をもって欲生の体とするなり」(聖典二三二頁)と。そういうふうに展開する。信楽を体とした欲生心とは何なのだろうと考えると、これが良く分からない。ところが、この欲生心を親鸞聖人は、回向の欲生心と言われるのです。欲生心の内容を引用で明らかにしていく時に、曇鸞大師の二種回向の文をそこに引用されます。

「欲生はすなわちこれ回向心なり」(聖典二三三頁)と。欲生心は回向心だと、回向心とは、如来の回向のはたらきだという押さえです。

『無量寿経』の言う欲生心は、真実なる内容の大悲の心が、衆生にはたらいてくる作用を言い当てようとする言葉なのだと。

人間の側から、自分の心を奮い立たせてどうにかなっていこうとする心とは、質が違う。こういう言葉は、普通我々は、分からない。私たちは、私たちの経験の中で言葉の意味を分かろうとする。如来の欲生心と曽我先生が書いているのは、何のことだろうと。幾ら考えても分からない。

人間の意欲ではない心、そのような心はどうして分かるのだろう、分からないのです。こっちの心で計れない心を如来の心と表現するのですから分かる訳がないのです。不実な人間の中に起こり、呼び掛けてくる真実の心を如来の心と表現するのです。けれど、不実な心しかない人間にどうやって如来の心が分かるのか。分からないのです。分からないけれども、分からない人間に、人間は不実である、人間は罪業深重である、煩悩具足である、と徹底的に人間の不実性をいろいろな言葉で呼び掛けて、人間の有限性を自覚させる。自覚させて有限であるにも関わらず、有限の中に、単なる有限に止まらせない。有限であることは悲しい。有限であることはつらい。何とかして欲しいという思いが起こる。何とかして欲しいと思う心の中に、人間の部分と、それを奥からもよおさせるはたらきがある。

これは譬喩的な表現になりますけれど、表向きに、自分で自分の意識でこうだと思う想いを、更に奥から、そういうふうに思わせるように動かしている心がある。これは人間の心からは分からない。つまり、地下水のようなはたらきです。表には出ていない。でも、豊かな大地が緑を育むのは、地下水があるからなのです。

草木は、上から降る雨だけで育つのではないのです。地下水が涸れたら、その大地は砂漠化するのです。だから、満洲という土地で日本人が、どんどん開墾していった、そういう土地で私は育ったのですけれども、森林を切って、沼地を耕して、どんどん作物を作ることを教えた。

その後に、大戦終了後、漢民族が入って来て、満洲人に更に農耕を徹底して教えて、どんどん畑だけにした。もう、満洲大陸すべてが作物を作る畑になったといっても良いくらい、全面に人間の手が入ったのです。

そうしたら、水が足りない。それでこの頃言われていますのは、黄河にしても、揚子江にしても、向こうが見えないくらい幅の広い河であったのですが、下流に行ったら、干上がってしまって、河がなくなってしまう。途中で灌漑用水にどんどん引くものですから、水が出口まで行かないのです。

このことは、大陸の中が、ものすごい勢いで砂漠化しているということなのです。それで満洲で何を見たかというと、日本のゴルフ場にあるようなスプリンクラーで地下水をくみ上げて撒いている。雨が少ないですから乾燥する。そこで作物を作るので、水が足りないから地下水をくみ上げる。

地下水をくみ上げると、二つの問題が出るのです。一つは、地下水が涸れたら、本当に干上がってしまう。もう作物はできないという問題と、地下水は少量ながら塩分を含んでいます。一度蒸発して雲から降ってくる水は、塩分がない、全然ないとは言えないでしょうけれども、非常に少ない。

ところが、地下水は、いろいろな鉄分やら滋養になるものを沢山含んでいるのです。それをそのままくみ上げて撒けば、地下水に含まれているミネラル分の中で、特に塩分が問題です。塩というのは、生命には絶対に必要なものなのですけれど、多くなると作物は枯れてしまう。死海では、作物はできない。塩は動物も植物もある程度は、絶対必要なのですけれど、多いと枯れてしまう。だから、それで、地下水を撒き始めると、砂漠化するのです。

でも、今は、そうしないと水が足りない。いずれ、満洲も砂漠になってしまうでしょう。科学技術を使って、そういうことをやっているわけです。今は良い、でもそれを三十年、五十年、百年と続けたら、必ず砂漠になるでしょう。

そういうことを私は、目の前に見て来まして、大変なことだなと思っております。人間が生きるために技術を使って、人間が自分の力で井戸からくみ上げる程度であれば、たかが知れているのです。でも、四六時中水まきするようなシステムを作って、くみ上げていたら、それはたちまち塩害が起こってくる。だから、見えない地下水が地上の草木を支えて茂らせている。これを如来欲生心の譬喩として考えることができるのではないでしょうか。

とにかく、欲生心というけれど、人間の意識する欲は不純粋です。でも、その不純粋な意欲の中に、単に不純粋ではないものを呼び掛ける。それが、善導大師の譬喩だと思います。願往生心と言っているから、これは人間の願いなのか、その底に動く如来の願いなのか、良くわからない。

だから、親鸞聖人は、「「能生清浄願心」と言うは、金剛の真心を獲得するなり」（聖典二三五頁）と言って、「能生清浄の願心というは」と、「往生」を外しているのです。あれは間違えたのではない、あえて外しているのです。願往生といえば、人間がイメージした違う空間に行くという逃避心の象徴のような願生心、つまり第十九願往生のような願往生だから、そうすると折角の譬喩が、大切な譬喩でなくなってしまうので、親鸞聖人は、往生を外して願心と、能生清浄の願心というのは、金剛の信心を獲得することなのだと。

どうしてそう言えるのだろうというほどの飛躍に見えるのですが、それが善導大師の正受金剛心の、あの『十四行偈』の展開と映っているのです。

## 如来回向の欲生心

一心という言葉で言うと、私たちには何か、二つある心を一つにして、一心にするとか、夢中になって何かをするというようなイメージなのですけれど、そのような一心は、『阿弥陀経』の一心として、親鸞聖人は「自利の一心」とおっしゃっています。

どういう心が人間にたまわる一心なのかということが、良く分からない。欲生心もそうです。自分で分かる心は、自力の欲生心、自力の願生心です。これは、煩悩絡みで、つまり良い世界に行きたいという欲生心であり、そういう願生心です。今の世界は矛盾や不合理や不正義が目に余るから、それがいやだから、もっと良い世界に行きたいという、相対し、比較した、煩悩絡みの意欲です。人間に起こるのは、そういう意欲でしかない。純粋な意欲など起こらないのです。人間に起こったものは、不純粋でしかないけれども、その不純粋な人間がそのまま苦しんで終わるのでない、真実に触れ得る原理があるのだということを明らかにするのです。

そこに、釈尊のところへ来いと言われて、教えて、導いて、釈尊と同じ体験に至れるという教え方をしたのが、釈尊教であったわけですけれども。それだけではどうしても人間は、壁を越えられないということから、大乗の教えというものは、本来、命の底に真実を蓄えているのだというような言い方をしたり、『涅槃経』のように一切衆生悉有仏性と教えたりした。でも、悉有仏性と言われて、それは本当だろうなとは思うけれど、事実として私の上に大菩提が成り立つかと言うと、私に起こるのは煩悩でしかない。煩悩を転じて涅槃になると言われてみても、涅槃になど一向にならないで、煩悩でしかない。

理論は良い。けれども、現実は一向に具体的に自分に実らないというところに道綽禅師は、「涅槃の広業さしおきて」（聖典四九四頁）と、『涅槃経』の教えでは、自分はたすからない、仏陀にはなれないと。だから、「本願他力をたのみつつ」浄土の教えをいただくのだと。こう表現された。

善導大師は、だからそこに、釈尊は行けという発遣の教主であると。我々と同じ有限の立場で真理の立場、無限の立場に触れることができたけれども、我々有限の立場からは、無限に行けというこことしか言えないのだと。

これは、親鸞聖人は「証巻」の始めに、『安楽集』を引用されて、釈尊が仏陀であるならば、仏陀は一人で良いのに、何故、阿弥陀という仏陀を生みだして、二尊にするのだということを道綽禅師が出していて、「二仏の神力、また斉等なるべし。ただ釈迦如来己が能を申べずして、故にかの長ぜるを顕したまうことは、一切衆生をして斉しく帰せざることなからしめんと欲してなり。このゆえに釈迦、処処に嘆帰せしめたまえり」(聖典二八三頁)と引用されています。

それは、仏道は無限の課題がある。釈尊は、どこまでも人間として有限である。有限な人間の有限な縁ではたすからない衆生が沢山出てしまうから、阿弥陀という仏陀を立てて、無限の縁をつくり、無限に救っていく、どのような衆生をも救っていくという。そういうふうにしたのだと、道綽禅師が語っている。

釈尊を無限化するのではなくて、釈尊は、無限に触れたのだけれども、触れる原理を求めて自分の方に来いというのではなくて、自分もその原理に触れてたすかったのだという位置づけにして阿弥陀を立てたのだと。だから阿弥陀が呼ぶのであって、釈尊は行けというのだと。

二尊教は善導大師の言葉ですけれども、こういう二尊教の考え方は、道綽禅師が既にそういう発想をしているのです。

そこに、行けと背中を押される立場の人間が、行こうと思って起こす心ではなくて、向こうから来いというものに触れるところに生ずる心なのです。呼ばれて起こるのです。こういうのが、浄土の教えで、願生の教えになったのでしょう。

更に親鸞聖人は、その願生の教えを本当に衆生が気づくために、如来がご苦労をして、兆載永劫に修行してという物語をもって人間の側にはたらき続けようとされる。それが欲生心だと。欲生心が兆載永劫の修行を人間の中でして下さっているのだ、と。

私たちは、何も気づかない。自分でやっているなどと思っている。けれども、自分の中に、寝ても覚めてもはたらき続け、痛み続け、悲しみ続けて目覚めを待っている。そういうはたらきを欲生心だと教えるのだと言われているのです。

そういうことを、如来回向の欲生心と言われるのです。「欲生はすなわちこれ回向心なり」（聖典二三三頁）と、親鸞聖人は註釈されています。

そこに人間の心の内容を、『無量寿経』は本願の物語を通して、一心の内容として具体化してくる。物語は、願生の物語を、人間が彼の岸、阿弥陀の浄土の功徳に触れていくという形で、欲生心が象徴化された。この欲生心の物語というのは、人間に起こる一心というものの内実を、彼岸の阿弥陀の世界からこちらに呼び掛けて来るという物語としていただくことにおいて、こちらから作るのでなくて、真実に、無限に触れていくという内容をもった物語となるわけです。

## 「南無阿弥陀仏」を物語で表現

それは、実は物語全体を包んだ体は「南無阿弥陀仏」である。「南無阿弥陀仏」ということを、「根本言」という言葉で表現してみたのです。これは安田先生の言葉をお借りしたわけですが、人間の迷いの言葉の中に、言葉よりも深い言葉と言えるような、言葉のはたらきを大きく翻すような言葉と言いますか、そういう言葉として「南無阿弥陀仏」という言葉を依り処として、人間の個人の物語を超えたような大きな物語を信ずる。そういう内容を名号の内容とする。

名号の功徳の内容が願生心であり、だから「其仏本願力　聞名欲往生　皆悉到彼国　自致不退転」全体が「南無阿弥陀仏」なのです。

それで、行の問題の結びに、親鸞聖人が書いておられる「しかれば、大悲の願船に乗じて光明の広海に浮かびぬれば、至徳の風静かに衆禍の波転ず。すなわち無明の闇を破し、速やかに無量光明土に到りて大般涅槃を証す、普賢の徳に遵うなり」、この全体が「南無阿弥陀仏」なのです。「南無阿弥陀仏」の内容の物語が、そういう意味を持っている。人間がこれから時間をかけてそういう物語を歩むという話ではないのです。

我々は、教えを聞いて『観無量寿経』のように、自分で実践して、浄土に近づいて、浄土に生まれたら、そこから還ってきて、人を救うようにはたらくというふうにものを考えてしまうけれど、わざわざ、釈尊が、彼の仏の声を聞けといって勧め、「汝一心に正念にして直ちに来れ」という、二尊教として、釈尊が行けと教え、阿弥陀が来いと招喚するという。そういう二尊の対応として教えが開かれているということの意味は、その欲生心を勧めるはたらきと、呼ぶはたらきという形で開いて、それが一心の内容となる。

だから、安田先生が『一心偈』とおっしゃった。一心の偈は、真実信心の偈と言っても良いし、信心がもっている物語、すなわち信心が獲得する物語を偈として開いたと言っても良い。

そういうものを、仏陀の教えの言葉として信ずるということにおいて、自分でこれから歩んでそうなっていくということを信じようとしても、なかなか信じられない。

そうではなくて、そういう物語の内容が大悲の内容として私どもに一心を下さる。だから、「証巻」の「論主（天親）は広大無碍の一心を宣布して、あまねく雑染堪忍の群萌を開化す。宗師（曇鸞）は大悲往還の回向を顕示して、ねんごろに他利利他の深義を弘宣したまえり」（聖典二九八頁）とあります。「還相の利益は、利他の正意を顕すなり」、往相の回向を、教・行・信・証と押さえ、如来の大悲回向の利益であると押さえている。そして還相の回向も、「大涅槃を証することは、願力の回向」であると、全部如来のはたらきである。

往還二回向は、如来のはたらきが衆生にはたらいて、衆生の心の中に如来の大悲のはたらきを恵む、と。「ここをもって論主（天親）は広大無碍の一心を宣布して」と、何故、二回向の結果が一心なのかという問いがある。

『正信偈』の「光闡横超大誓願　広由本願力回向　為度群生彰一心」（聖典二〇六頁）、どうして本願力回向によって群生を度せんが為に一心を彰す、と言うのか。群生を度せんが為に浄土を彰すとか、群生を度せんが為に二種回向するとか言うのではなく、二種回向によって一心を彰すと。

これは、どういうことだろう。如来の大悲が衆生の上に一心を恵む、その一心というのは、内容のない一心ではなくて、一心は、『大無量寿経』の物語を内に孕んだ一心である。こういう意味なのだと、親鸞聖人は受け止めたのでしょう。

欲生心の物語を一心としていただく。こういうふうにいただきなさいというのが、親鸞聖人の教えなのではないか。

だから、『願生偈』は『一心偈』だというのは、一心の内容を開いていったのではなくて、一心ということの体は、五念門である。五念門は法蔵菩薩の物語だと親鸞聖人が理解したということは、法蔵菩薩の物語の因果、五劫思惟、兆載永劫の修行をして、阿弥陀となったという物語の因果全体を信ずるのが一心である。

そうすると、その物語は、衆生に呼び掛けて、衆生を往生させようという形で、語りかける。それは物語です。衆生はそういう物語に触れることにおいて、衆生の命の中に、西に向かって行かんと欲すという人間の、何か無駄な人生があたら終わってしまうのかというような不安感をもった人生が、一心として、法蔵菩薩の物語を内容とする信心を感じながら生きていける。そういう一心を、我々に恵まれるのだと。こういう意味であると言えるでしょう。

欲生心を自分で起こすのでなくて、欲生心は、欲生心成就の文を見ると、「至心回向　願生彼国　即得往生　住不退転」です。願生彼国即得往生という内容が、不退転として成就する。これが至心回向だと。それが欲生心の成就だと言われるのです。

如来の欲生心が、私どもの上には、信心として成就する。それは不退転という信念となる。自分で退転するまいというのではなくて、如来の大悲の物語が、「南無阿弥陀仏」として、信じられるところに、「南無阿弥陀仏」の一如の功徳が我が功徳になる。

それが大悲の物語として、「しかれば、大悲の願船に乗じて光明の広海に浮かびぬれば、至徳の風静かに衆禍の波転ず。すなわち無明の闇を破し、速やかに無量光明土に到りて大般涅槃を証す、普賢の徳に遵うなり」という大きな物語を包んだ名号の意味が『大無量寿経』の体たる「南無阿弥陀仏」であるのです。

こういうことが、親鸞聖人の『大無量寿経』、「真実の教」、「浄土真宗」と。「南無阿弥陀仏往生之業　念仏為本」とおっしゃったその意図ではないかと思うのです。

そういう内容を孕んだ一心になることにおいて、『唯識論』の一心では成就できなかった愚かな凡夫の救済を、名号に包んで、凡夫の信心として成就することができる。信心を回向するという形で、一切衆生が回心すれば、みな往くという。そういう善導大師の教えの意味が具体化して来るのではないかというのが親鸞聖人の『教行信証』のお仕事でしょう。

善導大師の二河譬の文を通しながら、私は、そういうふうに一心の展開として、『唯識論』から『浄土論』へ、『浄土論』は親鸞聖人のご理解を潜って、善導大師の「金剛の真心」という意味をもつ。

金剛ということは、その次に引用されてくる源信僧都においては、『往生要集』に『華厳経』、「入法界品」を引用して、

「菩提心不可壊の法薬を得れば、一切の煩悩・諸魔・怨敵、壊ることあたわざるところなり」（聖典二二二頁）と。菩提心不可壊の法薬を得れば、壊れることはない。壊れることがないということは、人間の努力で壊れないようにするのではなくて、本願力だから壊れることはないので

す。本願力は壊れない。人間の心は移ろいゆくけれども、本願を信ずれば、本願は壊れない。こういう質をもった信心だから、金剛の真心と表わされるのです。一心を我々がいただくということは、金剛の真心をいただくことなのです。

それが、大悲が大地となって、「心を弘誓の仏地に樹て」、弘誓の仏地は本願ですから、「其仏本願力　聞名欲往生」、本願力に信念を樹てれば、もう、自分で立ち上がって、もう動かないぞというようなことは要らないわけです。

煩悩具足の凡夫として、「南無阿弥陀仏」を信ずれば、そこに仏の大地が与えられる。これが、一心の救いなのではないかと、このようにいただいてみたのです。

大変、大きな課題をいただいておりまして、良く分からないことがあるのですけれど、私としては、一応、「金剛の真心」と親鸞聖人がおっしゃる意図が、そういう展望で、一心の課題と、天親菩薩、曇鸞大師、そして善導大師を貫いてきているような課題、それを親鸞聖人が、「我一心」の課題として引き受けられたのではないかと、そのように思うのです。

我一心なのだけれど、自分が立てた一心ではない。その一心は、如来の二種回向によって我々に与えられる信心であると。

こういうのが、「信巻」・「証巻」を通した展開なのではないかと。そのようにいただいてみました。

（日時：二〇一二年八月二十五・二十六日　場所：箱根湯本　ホテル河鹿荘）

# 第二講　真実信心の根底

## 「阿弥陀仏」が「行」であるとは

　今回は、真実信心が罪悪深重の凡夫である我々の愚かな心に、何故発起することができるのかということを、親鸞聖人は「信巻」を通して明らかにしようとされた。そのことを少し尋ねてみたいと思います。それで「真実信心の根底」という講題を出させていただいているのです。「称名とは名を聞くことである」という言葉があります。称名とは名《みな》を聞くことであるとは、つまり、称名は聞名であるということです。この言葉は、「行」は「信」であるということを言っているわけですから、何を言っているのかなと思いますね。そう言わざるを得ない問題が何であるかということを考えてみたいのです。

　名《みな》を聞く、すなわち「聞名」ということは、本願文でも「聞名得忍の願」とか、「聞我名字」、「聞其名号」、と繰り返されています。仏の名《みな》を聞くという言葉が繰り返し出ているのです。

　本願成就の文も、「聞其名号」、名号を聞くとあります。「聞其名号　信心歓喜　乃至一念」、と。

　龍樹菩薩も「聞名不退」と言って、名を聞いて不退転に住すると、聞名とおっしゃっている。だから、聞名として教えが伝えられ、聞名として受け止められてきたのが、この『無量寿経』の教えの歴史であったのだろうと思うのです。それが、どうして称名が行だということを言わなくてはならなくなったのかという疑問が私に起こったのです。

親鸞聖人が第十七願を「諸仏称名の願」と、称名の願だと決められましたが、親鸞聖人以前では本願文の第十七願というのは、あまり注意されないで、古い翻訳の第十八願にあたるところでは、やはり、聞名なのです。

親鸞聖人の「行巻」の中の引用でも、聞名ということばが圧倒的に多い。「其仏本願力　聞名欲往生　皆悉到彼国　自致不退転（その仏の本願力、名を聞きて往生せんと欲えば、みなことごとくかの国に到りて自ずから不退転に致る）」（聖典一五八頁）とある、これも聞名です。これを「行巻」にも引用するし、「信巻」にも引用します、そして『尊号真像銘文』（聖典五一三頁）にも引用される大変大事なご文ですけれども、これも聞名です。

それで何故、名《みな》を聞くというふうに伝えられていることを、称名が行だということを言うのだろうかという疑問を持ったのです。

そこで思い当たったのが、『摂大乗論』のことでした。五世紀の初め頃でしたでしょうか、無著菩薩が、『摂大乗論』を書かれた時に、称名というような行為は、「唯願無行」であると、願のみあって行がない。仏道の願はあるけれど、行と言えるほどのものがない。称名というようなものは、行の内に入らないような行である。それを沢山積みあげるならば、一人前の功徳になるというようなことが書いてある。

無著菩薩が、何故、そのようなことを書いたのかと考えてみますと、その時代は、道綽禅師以前ですから、聖道門・浄土門の別れがないわけです。行者は、それぞれ、いろいろな経典を自分の依り処にして、仏法をいただいていくという中で、おそらく無著菩薩も『無量寿経』を読んでおられたのでしょうけれど、無著菩薩は、どういうわけか、『無量寿経』の教えにあまり心を寄せなかったのでしょう。

それで、名《みな》を聞く、名《みな》を称えるというようなこと、聞名ということがあるけれど、行ではないと。行が入っていないというふうにご覧になった。

称名の救いを説く本願の教えは、何回もインドから中国に翻訳されていますから、『摂大乗論』の翻訳以前にも『無量寿経』の異訳の経典といわれるものが翻訳されていますし、浄土の教えが浸透していっている。一方で、弥勒経典と言われる『弥勒上生経』、『弥勒下生経』というような弥勒の救いというものも流行っていた。

そういういろいろな考え方が流行っているのは、中国が戦乱の世であったからでしょう。三国六朝（呉・東晋・宋・斉・梁・陳）と一口で言いますけれども、次から次へと王朝が変わる。王朝が変わるということは、征服をする民族が変わる。漢民族のまわりにも沢山の異民族がいた。今でも中国には異民族は沢山いるわけですけれど、昔は、漢民族が、人口的に圧倒するほどの大きな部分をもっているというのではなくて、まわりの民族もかなりのせめぎ合いをして力をもっていたのだと思うのです。だから、異民族が入って来ると、漢民族は追い出されるというようなことで、王朝が次から次へと変わる。変わるたびに王朝の民族も変わるということだったのだと思うのです。

そういう戦乱の巷の中ですから、何を信じて良いか分からない中で、仏教の信仰が、現世利益的面も強かったのでしょうけれど、とにかく庶民の中に、どんどん入っていった。そういう中で称名、聞名の教えというのは、かなり強く入っていっていたのだろうと思うのです。

そういうところに、『摂大乗論』が翻訳されて中国に入って来ると、念仏などは、願のみあって行はないという摂論家の疑難が出て、やはり真面目に行をやるべきだという唯識学派の主張というものが、仏教界を揺るがすような力を持ち得たのでしょう。

それに対して、三国六朝の終わり頃、隋の興るちょっと前、六世紀の半ば前後に道綽禅師が、もう世は像法の末であって末法は近いと。人々が、お互いに憎み合い、殺し合い、何を信じて良いか分からないというような情況の中で、末法が近いと。「像末法滅」という、像法の末であるという危機感から仏法の中でも、いろいろな仏法の教えが伝わって来ているけれど、この「聞名」の教え、浄土の教えによるしかないと教示された。

道綽禅師という方は、『涅槃経』の学匠であったと伝えられるわけですが、大乗の『涅槃経』が翻訳されて、涅槃宗と言われるほど涅槃の学びが非常に盛んに行われたわけです。

涅槃とはなんであるか。お釈迦さまが亡くなったと言うけれど、仏法がなくなったわけではない。では、仏法とは何であるか、如来とは何であるのか。仏陀は如来だと。如来というなら如来は死ぬのかとか、死なないのか。如来そのものは死なないのだとか。如来は法身なのだとか、いろいろな議論が出て来て、その議論がそのまま経典になっているのが、『涅槃経』なのです。そういう『涅槃経』の研究というものが、随分と盛んであった。
ところが、道綽禅師は、曇鸞大師の『浄土論註』をご覧になって、『涅槃経』による求道をやめられた。涅槃の学びをさしおいて、浄土の教えこそが衆生を本当に救いうるという宣言をされた。

道綽禅師から「聖浄二門判」といわれて、聖道門・浄土門という言葉で、教えの学びのあり方が、自力か他力か、浄土か穢土かという。この土で覚るのか浄土で救われるのかという、そういう分け方をするようになったわけです。

その時に、道綽禅師は、念仏は行ではないというけれど、念仏を聞く、「聞名」ということには、与えられる縁、業縁の深さがあるということをおっしゃるわけです。

親鸞聖人も和讃の中で、

三恒河沙の諸仏の　出世のみもとにありしとき
大菩提心おこせども　自力かなわで流転せり
（聖典五〇二頁）

という和讃がありますけれど、今の命で仏法に触れるということ、仏法に触れるという命のもっている意味は、今生で始めて触れたのではないのだと。何回も何回も、求めて、歩んで来て、出遇えなかった。生まれ変わり、死に変わりしてきたのだけれど、出遇えなかったのが、今生で始めて出遇えたのだと。名を聞くということは、名を聞くようになれたということの背景が深いのだと、こういうことを言って道綽禅師は、唯願無行の批判を何とかクリアーしようとしたのです。

けれども、そういうふうに言うことで、どうして「唯願無行」の論難に応えたことになるのだろうと、私は、疑問を持っておりました。

それに対して、唐の時代に入って、善導大師が、『観無量寿経疏』を作られるに際して、『観無量寿経』の解釈を始める前に、「玄義分」を置かれている。玄義というのは、「玄」という字は、玄人とか、幽玄とかという深いという意味を持った字です。

『観経』の玄義ということで、『観経』の深みを、これから解釈を通して表そうというので、「玄義分」といって、『観無量寿経』の解釈に入る前に、『観無量寿経』がもっている問題を、自分は、こういうふうに思うという形でまとめておられる部分があるのです。その「玄義分」というところで、名号を解釈している。それは六字釈と言われています。

その名号の解釈に、「言南無者即是帰命、亦是発願回向之義。言阿弥陀仏者、即是其行。以斯義故必得往生（「南無」と言うは、すなわちこれ帰命なり、またこれ発願回向の義なり。「阿弥陀仏」と言うは、すなわちこれ、その行なり。この義をもってのゆえに、必ず往生を得）」（真聖全一・四五七頁）（聖典一七六頁）と、こういう解釈をしています。この義をもってのゆえに必ず往生を得ると言われる。

私は、学生時代に、大学院の教授が、講読で、この「玄義分」を読んでくださっていたのですけれど、この六字釈の解釈を聞いても、何を問題にして、何を言おうとしているかさっぱり分からなかったのです。教授は、懸命に講義をされているけれども、一体、分かっているのだろうかと思いながら聞いておりました。

大体何を問題にして、善導大師がそういう言葉を書いているのかということが、分からない。ああでもない、こうでもないと講釈するけれど、何のために善導大師は、それを書いたのかということが見えないのです。

つまり、摂論家が非難してきたから応えたのだと。それは一応そうでしょうけれども、摂論家が願のみあって行はないと言ったのに対して、善導大師は、「南無は願である、阿弥陀仏は行である」と応えているわけです。

南無が願だというのは、南無は、衆生が如来にお願いしますと南無する。礼拝するということの中に願がある。それは一応分かる。

阿弥陀仏が行だとは一体どういうことだろう。阿弥陀仏は名なのに、何故行なのかと、こういう疑問が残ったのです。

そして更に、親鸞聖人が「行巻」で、「「南無」と言うは、すなわちこれ帰命なり、またこれ発願回向の義なり」(聖典一七六頁)と引文し、その帰命ということは、「「帰命」は本願招喚の勅命なり」（聖典一七七頁）と釈してあります。

そして発願回向というのは、衆生が発願して回向するのでなくて、「如来すでに発願して、衆生の行を回施したまう」（聖典一七七～一七八頁）と。南無ということの中に、衆生の行を回施するという、如来の回向のはたらきがある、と。

そして、阿弥陀仏は行だと善導大師が釈したのに対して、「「即是其行」と言うは、すなわち選択本願これなり」（聖典一七八頁）と。行は本願だと、こういう註釈をしている。

これも、何のためにこういう註釈をされたのか良く分からない。何のために、どうしてこういう註釈をしなければならないかという意味も良く分からない。こういう感じでおりました。

それで、安田先生の講義でよく、真宗学では、称名は行であるというけれど、衆生が発音したから行だと言うならば、それは衆生の行になってしまう。衆生の行となれば、それは雑行雑修であり、「大行」とは言えない。小行に過ぎないということになるので、親鸞聖人は、第十七願によって「諸仏称名の願」というものを根拠になさって、「行巻」で、「南無阿弥陀仏」の名、六字の名《みな》が行であるということを明らかにしておられるのだと。こういうことを安田先生は、繰り返しておっしゃっていました。

称えたから行だという考え方は、伝統的に、東西本願寺の教学にあるのです。称えなければ行ではないと。では、「南無阿弥陀仏」とは何なのか、「南無阿弥陀仏」は法体である、法の体である。称えないなら行ではない、発音したら初めて行だと。発音しなければ、行ではないと言うのですけれど、親鸞聖人は、そのようなことを言っていないけれども、称名は行だとは言っているけれども、称名というのは、称という意味は、称えるという意味もあるし、称讃のたたえるという意味もあるし、はかるという意味もあるし、かなうという意味もある。いろいろな意味を持っている。

称名という言葉、称名ということにおいて、称名が起こるというところに親鸞聖人は、真如一実の功徳宝海があり（聖典一五七頁参照）、それが「南無阿弥陀仏」であり、正念であると、こう言ってくるわけです（聖典一六一頁参照）。発音であるとは書いてない。

そして「聞其名号」という。第十八願成就の文の名を聞くということについても、称名は発音だと考える学者は、「聞其名号」は、人が発音した名号を聞くのだという理解で、聞其名号という聞は、名号が発音されているのを聞くのだと。

ところが、親鸞聖人は、「信巻」で、「「聞」と言うは、衆生、仏願の生起・本末を聞きて疑心あることなし」（聖典二四〇頁）と。衆生が仏願を聞く、仏願が起こってくる本を聞くと。これが「聞」であるといって、発音を聞くなどと、どこにも書いてない。耳が発音を聞くことが、「聞」なのではなくて、「聞」というのは、仏さまのお心を聞き当てることであると。発音を聞いても、そのようなものは、「聞」とは言えない。だから、何か、聴き方の根性が間違っているわけです。

そういうことで、安田先生は、名が行になるのは、本願だからだと。阿弥陀如来が本願において、衆生に名を称えて欲しいと。名を称えて欲しいという願を持っている仏は、阿弥陀如来だけである。阿弥陀如来の願において、名が行になるのだと。こういうふうに教えてくださっておりました。

ですから、名は単に仏を表す言葉ではなく、名が行であるのだと。普通の名は、行ではないけれども、本願の名《みな》は行である。如来の本願が衆生にはたらいてくる相《かたち》としての名だから、名そのものが、本願の行なのだと。こういう意味で、言葉の中の言葉だと、「根本言」だという形で私も考えたわけです（二〇一〇年安居講本『根本言としての名号』参照）。

## 仏教の根本問題

それで、私に、何故「名が行」だと言わなければならないのだろうかという疑問が湧いてきました。親鸞聖人が、「行巻」を立てて、真実行ということを表そうとされたのは、どういう意図であったのだろうかと、そのような疑問があったのです。

そういう疑問を持ってみて、摂論家の、つまり無著菩薩の非難と、仏教一般が行というものを、どういうふうに考えているのかという問題が関わっていて、それで行ということがどういう意味を持ち、人間が行をすることが、どういう意味で大切なことだと言われるのかということを、ここで考えてみたいと思っております。

仏道というものは、覚りを目指すわけで、覚りが目的であるということは、逆に言えば、この無明の命を生きている人間の意識、無明の命に苦しんでいる人間の意識のもっている闇、無明と言われる闇、その闇を晴らして、闇を晴らすことによって、苦悩の命がまったく新しい視座から見えてくる。

お釈迦さまは、この生老病死の逃れがたき苦悩というものに苦しみ抜かれて、これから抜け出る道はないかと探し続けて、ほとんどあきらめる寸前に、自分の考えが間違っていたということに気づかれた。

考えようとするその考える根に潜んでいる罪、我執、自我の執われというものが、人間を苦しめるのだという根本問題に気づかれて、それを抜け出る体験を持たれたわけです。

人間は苦悩する命が外の条件で苦悩すると感じて苦しんでいる。確かに、この世を生きるという時は、条件存在として、六道流転の存在として、条件に苦しめられます。

二〇一一年の原発事故の問題でも、事故が起こって、原発の周りにいた方々が、本当に悲惨な目に遭っておられて、二年経って、ますますその問題が解決不可能なほど、人々の生活を壊し、心を傷つけているということが、明らかになってきたわけです。

そういうことが起これば、人間がひどく苦しめられる。それは、中国での三国六朝の時代でも、王朝が変わることによって、政策が変わったり、管理者の考え方が変わるわけですから、庶民が、今まで自分で一生懸命耕していたり、生活していたところを完全に壊されたり、追い出されたりということが、しょっちゅう起こるのですから、そういう情況に苦しめられるということは、人間として生きていれば、ある意味で運命的に起こってしまう。

何故だと問うてみても、それには答えがない。何故、途中で死ななければならないのかと、幾ら津波を怨んでみても、もう間に合わないわけです。理不尽だ、何故、自分だけ死ななければならないのだと、幾ら言ってみても、宿業因縁と言うしかないわけです。そういう形で苦悩が押し寄せてくる。

原爆が、たまたま広島と長崎に落とされて、その黒い雨による悲惨な、放射性物質の体内蓄積とか、そういうような問題が、一生人間を苦しめて来る。こういうことも、情況次第で、情況が苦しめて来るのだという面が、常に人間にはあります。

これを何とか逃れようとし、これを何とかないようにしようと、人間は悪戦苦闘して、少しでも解決に近づこうとするわけですけれど、確かにそれによって少したすかる場合もある。でも、ほとんど、その苦悩を出ることができずに、恨みを飲んで死んでいく方が多いことでしょう。

そうでなくても、自動車事故に遭うとか、たまたま電信柱が倒れてきて、それにぶつかって亡くなったとか、台風で樹が倒れてきたのにぶつかって亡くなったとか、新聞に出るのを見るだけでも、いろいろな死に方があるものだと知らされます。

これは自分では選べない。そういうことを概念的にまとめれば、生老病死です。生老病死というものは、生まれて生きるということに、必然的についている。生まれたならば、病もある、歳も取る、死ぬということ、これは逃れることができない。逃れ難きは無常なりと言いますけれど、逃れられないわけです。

逃れられない苦悩を如何に超えられるかという問題が、お釈迦さまの問題意識であった。我々には、日常的には、そういう問いが起こらないで、現象的な情況的苦悩を何とかしたいと思って、一生もがいていくわけです。情況を変えて解決するという行為と無関係に生きているのは無慈悲だとか、そんな形では駄目だとかいって、現象的な解決に走る方が正しいと主張する人が圧倒的に多いわけです。けれど、現象的な解決をする慈悲ということは、直接的に仏法の課題ではないのです。

宗教問題は、自己自身が解放される喜び、本当に自分がたすかるということの喜びをもって、人にも、この喜びを共にしてもらいたいという形の慈悲を求めるということです。

仏法を生きる人間が、現象的な解決を課題として担うか担わないかは、その場、その場の情況でもあるし、その人その人の責任感でもあるでしょうけれど、宗教の根本問題ではないのです。

宗教の根本問題としては、意識の持っている闇、無明を本当に晴らすという、その無明を晴らすということにおいて、罪を生きている、あるいは、苦悩を生きている、そういう命を自らも明るく、闇を晴らして生きていくと共に、共に生きる衆生海も明るくなって欲しいという。そういう形で大乗仏教は、自利利他という言葉で言われる課題を歩む存在となる。それを菩薩という、ボーディサットヴァ（bodhisattva）という人間像を生みだしたわけです。

ボーディサットヴァ（bodhisattva）の道を解明する。つまり自利利他の課題を歩むということは、どういうことかということが、『華厳経』という経典にまでなってくるわけです。大乗の経典、仏華厳と言われますけれど、仏自身が菩薩としてはたらくとも言える。ある意味で仏になってしまえば、覚りの中だけれど、慈悲を孕んだ自利利他という課題は、終わることがない。そこに仏自身が菩薩となって、歩み続ける。そういう形で、『華厳経』は、大乗の経典として繰り返し、繰り返し、菩薩道とは如何なることかということが問いなおされて、経典としても、膨大な経典にふくれあがっていくわけです。

闇を晴らすということは、精神的転換とも言える。心の闇を晴らすという課題なのだけれど、心の闇を晴らすということを生きていくという、その生きていく時の闇を晴らす課題をどういうふうに受け止めて、どういうふうに解決していくかという歩みが、菩薩道になっているのです。その菩薩道それ自身を歩むということを、修菩薩行という。まあ、菩薩行と言うと、代表的には六波羅蜜で、布施・持戒・忍辱・精進・禅定・智慧と言われる。六波羅蜜に代表されますけれど、この生きるということが、自他ともに苦悩の闇を晴らし、無明の闇を晴らして、本当に人生を明るく本来の命に帰るような方向で生きていきたいということが、歩みを持つ。

こういう願いを生きるというところに、生活が行という意味を持つ。禅宗では、普通の日常生活をすること、そのこと全体が、「喫茶喫飯是仏道」と言われている。生きるということは、そういう修道と言いますか、菩薩道を生きると言いますか、仏になったらお終いというのでなく、仏の精神界を生きるということ、限りなく自他共に闇を晴らすべく生きることである。そういう方向で、行は、修行といわれるような意味を持って、常に、闇と明るみのぶつかり合いの点を、自他共に明らかにしていこうという願いが、行という意味を持つのでしょう。

そして「行」は、「業」という意味も持っていますから、「行業」と言われますように、行は、その時、その時、一瞬、一瞬に、こういうふうに生きていこうという形で行為が出る。それだけに止まらないで、行じたことが、積み重なり、次の生活に響いてくる。そして、また、その次の生活で行ずることが、その次の自分に響いてくるというように積み重ねられる。これは、一般的な生活で言えば、訓練とか、修練とかいうものでしょう。例えば、板前の修業でも、その場合には修業と「業」を書く。この方の修業は一般の生活に使われている言葉で、訓練といいますか、板前の生活の中では、包丁を使うということを修業という。それは包丁を使うことは、仏道ではないのだけれど、仏法的な考え方が、当たり前に使われるほどに定着しているということです。

それはどんな生活でも、その生活の中でより高めた生活者として生きていく為の行為を訓練と言うし、修業とも言う。一般に、今、息子は、京都のお菓子屋に修業に行っています、と言う。それは、立派な仏者になって帰って来るという意味の修行ではない。菓子職人になって帰って来るという意味の修業です。

だから、習うという生活が蓄積されて、それが力になって、能力になって、次の生活を支えてくるわけです。つまり、「行」の力、行というものは、唯識の言葉で言えば、人間に薫習して、薫習されたものが能力（種子）となって次の生活を動かしてくる。こういうことは、日常的にあることですから、これを仏法もやはり行を積むことにおいて、より良き菩薩になっていく。そして菩薩道の究極は、仏になっていくという人間理解、仏法理解というものが、大乗小乗を問わず、教えの考え方を問わず、常識として定着しているのだと思うのです。

だから、無著菩薩が、唯願無行と言ったということは、大変な非難の意味を持つわけです。願のみあって行がないということは、願ということは、ああなりたい、こうなりたいという人間の望みですから、望みは良いと。浄土に行きたいと欲うのは良いと。しかしその為の行がないということは、空念仏という言葉がありますけれども、ほとんど意味のないことをしているのだという非難になるのです。

## 唯願無行への反論と名号理解の深まり

私が不思議に思うのは、無著菩薩の弟である世親という方、ヴァスバンドゥ（Vasubandhu）は、初めは部派仏教（いわゆる小乗仏教）の学者であった。その時代に『倶舎論』を書いた。『倶舎論』は意識分析の大変厳密な学問内容をもっていると言われます。だから、『倶舎論』を勉強するには、八年かかると。唯識三年倶舎八年といって、唯識の二倍以上『倶舎論』の方が難しいと言われているわけです。

そういうようなことを書いた世親が、無著菩薩が読んでいる『華厳経』の偈文に打たれて大乗に転向したと伝説的に伝えられていて、大乗仏教に転向して兄の無著のもとに入門した。唯識の学匠のもとに入って勉強し直して、そして『二十唯識論』、『三十頌唯識論』を書いた。

その世親菩薩は、千部の論師と言われていますけれども、『大乗成業論』、『大乗五蘊論』とか、『十地経論』、『法華経論』とか、いろいろなものを書いておられるのです。その世親菩薩が、どういう意図で「世尊我一心　帰命尽十方無碍光如来　願生安楽国」と詠いあげて、『無量寿経』に相応しようという論を作られたのか。これは大問題です。

『摂大乗論』の釈論、『摂大乗論釈』を世親菩薩は書いておられます。ですから、兄の作った『摂大乗論』は克明に読んでおられる。当然、唯願無行という兄の説は読んでいるわけです。

ところが、世親菩薩は、どうも兄とは違う。世親菩薩は、「世尊我一心　帰命尽十方無碍光如来　願生安楽国」と、尽十方無碍光如来に帰命して願生するという。

唯識ということは、瑜伽行です。瑜伽行というのは、奢摩他・毘婆舎那の行、つまり、心を統一して、教えの言葉をよくよくいただいて、その教えと一つになる。教えと相応する。そういう行を日夜実践している立場ですから、そういう立場の人間が、『無量寿経優婆提舎願生偈』を作るということは、どういうことなのか。

去年、東本願寺の安居（二〇一二年安居の本講を勤められた小谷信千代大谷大学名誉教授が、『無量寿経優婆提舎願生偈』を講じた）で小谷さんという大谷大学の仏教学の教授だった先生が、山口益さんや桜部建さんの影響を受けて、仏教学を研究し、唯識の研究をなさったのですが、何故という問い（どうして、唯識の学匠としての世親菩薩が、『無量寿経』の本願の思想、本願の救いを求めたのか）に、当時浄土教が、はやっていたから『無量寿経』の経典もちょっと解釈したかったのではないかなどということを書かれているのです。山口益さんがそういうふうに考えたらしいのです。

世親菩薩は、そのような軽佻浮薄な学者ではないことは、明白です。更に四論の学匠であった曇鸞が、唯識の学匠であった世親のものを解釈するのは、大体間違っている、そういう発想なのでしょう。

天親菩薩の『浄土論』は、唯識の世親菩薩が書いたという一面があるということは安田先生も繰り返しておっしゃっていました。奢摩他・毘婆舎那の行を通して無量寿仏に出遇うという、そういう一面をもっているということは、おっしゃっていました。

世親菩薩は、不思議な解釈をしておられると思うのですけれども、『浄土論』の偈文（聖典一三五〜一三八頁参照）に対して、解義分、長行と言われる、自分でつくった偈を自分で解釈をしている。その解釈は、言葉を説明したり解釈したりしているのではなくて、偈文の意図を解釈しているのです。この解義分を理解するのは、大変難しい（聖典一三八〜一四五頁参照）。

それを曇鸞大師は、偈文と解義分とは別物ではなくて、偈文の内容を解義分が語っているのだから、解義分の内容と偈文の内容を対応すれば、了解できるという見方をされた。そして、礼拝・讃嘆・作願・観察・回向という五念門は、解義分に出て来る言葉です。解義分に出されて、五念門の行を修して浄土に生まれて阿弥陀如来に遇うと。こういうふうに書かれている。

やはり、行を修して浄土に生まれて阿弥陀如来に遇うのだと。五念門行を修する、その時の主語は、初めは、善男子・善女人が五念門の行を修する。善男子・善女人というのは、仏法に心を寄せる人を、善男子・善女人と言って、男女を問わず「善」という字をつけて、仏法に心を寄せれば、善人なのです。

善男子・善女人が五念門の行を修して浄土に生まれると書いてある。その五念門行は、偈文に配当すれば、「帰命」は礼拝門である。「尽十方無碍光如来」は讃嘆門である。「願生安楽国」は作願門である。偈の「観彼世界相」以下は、観察門である。そして「普共諸衆生　往生安楽国」は、回向門である。つまり、偈文の帰命以下の全体が五念門の行であると。こういうふうに曇鸞大師は、偈文と解義分とを合わせて、天親菩薩の意図を解明されたわけです。

天親菩薩は、五念門行をもって阿弥陀仏に遇うと言っている。では、行がないなら、仏法でないのか。「願」のみあって「行」はないというのがどうして欠点になるのだろうかというふうに考えてみると、大悲の本願の救いだけで良いのに、何で念仏があるのだろうという。そういう問いは今でも我々が感ずる問いとしてあります。

何で念仏が要るのだろうか、本願だけでも良いではないかと。それは、人間存在がどうなることが人間存在の本来に帰ることなのかという人間理解について、仏法は成仏すること。つまり、仏になるという一つの方向性で教えが伝えられている。

一般に、宗教が神を信ずるということだとされている。神は絶対者で、愚かな人間が、どうかお願いしますとお願いして信ずると。そういう絶対者と有限なる我等衆生という関係で教えが立てられていることを、religion と言う。

レリギオという古い言葉があって、religion という、近代日本はこれを「宗教」と翻訳したわけですが、宗教とは、絶対者の前に有限者がぬかずくことだと。

それと似た定義を清沢満之は、宗教とは、無限と有限の関係であるとか、有限の無限に対する一致であるとか、そういうように考えようとなさった。

仏法がいわゆる一般の宗教、religion と違うと決定的に言えるのは、我等愚かな人間存在が、根本無明を晴らせば仏陀になる。仏陀というのは、理想的な絶対者になるということではなくて、闇に執われて苦しんでいる命が解放されることが、人間の本当の命のあり方である。そこに帰るということが、人間の救いだという教えが仏教なのです。

仏という言葉を使うと、どうしても絶対者みたいなイメージがついてしまうから、凡夫が仏になると言うと、そんな遠い存在になれるのか、それでは生きている内は駄目だから死んでからだろうというふうに考えてしまうのですけれど。

もともと仏陀という意味は覚者ということです、覚りを bodhi と言う、覚りを開くということが成就した現在完了形と言いますか、成就したことを名詞で言えば、仏、ブッダ（buddha）で、苦悩の命を乗り越えて明るみに触れたということがもともとの意味です。

更にそれは苦悩の晴れた状態に留まるのではなくて、苦悩の命の中に帰ってきて、苦悩をもった人々に、この覚りの体験を伝えるべく教えの言葉を出される。それを如来と、如から来ると。如来如去と、tathāgata と、そういうふうにインド語で言うようになって、仏陀は如来であると。こういうふうに言われてきた。

つまり、本当に苦悩を晴らして、晴らした苦悩を人々にも分かち与えていこうとする。そういう人間存在になるということが、仏教の人間像ですから、神さまのような存在になろうという話ではないのです。

そこに、菩薩という人間像が出てきた。菩薩というのは、因位のすがたであって、凡夫から菩提心をもって自利利他、本当にみずからも闇を晴らしていこうとし、その闇を晴らしていくという方向性を人々にも伝えていくという。それを自利利他という言葉で言うわけです。自覚覚他と善導大師は書いていますけれども、みずからが明るみに触れ、それを人にも触れていただくという。「自覚覚他　覚行窮満《かくぎょうぐうまん》」と言って、その覚の課題が完全に円満したものを仏陀と言うのだと。自覚覚他の行を実践していくのが菩薩であると。こういうふうに言うのです。

そういうことが仏教の人間像です。仏教の人間像にとっては、行ということがなければ、凡夫が闇を晴らして明るい生活に変わるということを成り立たせる道理がないことになるのです。人間は、神になるのではない。人間は絶対に神にはなれない。人間は、仏になる。仏になるということは、果として見れば、完全に苦悩を晴らしたということになってしまうけれど、果の方向を求める因からは、苦悩を晴らすべく生きていくという。そういうふうに生きていくことは、ある意味で諸仏とされるのです。

『涅槃経』という経典、『華厳経』もそうですけれど、大乗経典は、因の願に触れるということと、果の覚りを開くということとは、別のことではないのだということを、何とか言おうとしています。だから、「初発心時　便成正覚」と言う。「初発心時　便成正覚」ということは、発心して仏になろうと思い立ったら、もう仏なのだとか、普通常識的に考えると無茶苦茶だと思うようなことを繰り返して言うのです。

仏教ということは、煩悩に覆われているけれども、闇を作る煩悩を晴らそうという方向をもって生きるというところに、単に闇の中ではないものをいただいていくという生活の方向を持つことにおいて、一般的には、仏陀の方向を向いて歩むということが行という意味を持つ。

そういう意味で、善導大師は、「南無」というところに、もう既に「願」がある。そして「阿弥陀仏」が「行」だということは、どういうことかと言うと、本願は、無量寿仏の因位である法蔵菩薩の修行という、この兆載永劫の修行と言われるものが、阿弥陀の名《みな》を生みだして来る。つまり、因位の修行の功徳が果の仏の功徳になる。「行の力」が、「果の力」になっている。阿弥陀仏が力を持っているのは、法蔵菩薩の因位の修行の力である。「行力」です。

だから、阿弥陀仏という名《みな》に因位の修行の力が入っているという意味が、「阿弥陀仏者　即是其行」という意味なのです。

だから善導大師が、願行具足だと、願と行とが名に具足しているということは、聞名ということの功徳が、名を聞くということで言われてきたのです。

それに対して、行がないではないかという見方は、仏教の基本的な人間像は行をもって生きている。修行する人生が人間の生であるというふうに見る仏教の見方からするならば、称名しているなどということは、行がないではないかという。道元禅師も同じように誤解をして、称名などというものは、春の田のカエルの声と同じだという。カエルがケロケロいっているようなものだと。つまり発音という点で捉えてしまうと、行ではないと。こういう非難です。

だから、私には、唯願無行の非難というものが、縁になって「聞名」の教えが、名が「行」だという面をどうしても言わざるを得なくなったのではないかと思えるのです。名が行だとなると、名を聞くというよりも、衆生が行ずるということで、名を称えるという称名という具体的な事実において、名を聞くということを確認していくというふうに聞名の教えを称名として確認するということになっていかざるを得なかったのではないかと考えられる。そのように、一旦考えてみたのです。

そういう形で、名が行だということを言うと、人間が称えることが行だという誤解が生じて来るのです。人間が発音することが行だという。それに対して、称名と言うけれども、「憶念弥陀仏本願」という形で親鸞聖人は、聞名ということ以外に称名はないと言う。そういうふうに「行巻」に聞の字のついた名をほめる言葉を沢山引用されます。

聞名を離れて称名はない。称名は聞名である。行中摂信という言葉がありますけれど、行の中に信があると。信ということは、聞不具足、信不具足という言葉が『涅槃経』にあるのを親鸞聖人が引用されますけれど、聞くということを通して、信ずるということが成り立ってくる。その聞くということ以外に称名はないと。

そういう意味で、「聞名」は「信」なのです。けれど、「称名」は「行」である。こう分ける。こう分けて、行は如来回向の行だと。こういうふうに方向を転じた行、つまり人間が行為をして、行為を蓄積してどうにかなっていくというのではない。普通は、そういう発想をするのが行です。

それに対して、親鸞聖人は、徹底的に人間からの行為というものの無意味さをおっしゃる。それを善導大師は雑行雑修と言われた。人間の情況は、有限な情況を生きていて、有限の情況の中で行為が起こる。それは絶対的な大きさを持たない。だから、人によって違ったり、情況によって違ったり、真剣さがあるかないかで違ったりというようなことになる。それは、因から果へという方向、衆生から仏へ、迷いの側から明るみへという方向でものを考える発想では、どうしても闇を抜けられない。こういう考え方を親鸞聖人は、徹底的に反省されて、闇の衆生に光が入って来るのだと。光明名号をもって十方を摂化するという言葉が善導大師にありますけれど、名号と光明とが一つになってはたらいてきて、そして衆生の闇の中に信心が生ずると。

こういう方向転換、それを回向という言葉を手がかりにして、徹底的に真実からのはたらき、如来からのはたらき、大悲からのはたらき、本願力のはたらき、そして愚かな凡夫が、愚かな凡夫の側から努力してどうにかなるという方向ではたすからないという愚の自覚、罪悪の自覚、凡夫の自覚、その凡夫に大悲がはたらいて来るという形で、聞名の救いが来るということを明らかになさった。

その時に、『歎異抄』に、「念仏のみぞまことにておわします」と、つまり名号のみが真実だと。本願の側からはたらこうとする「選択本願」の選びが、「我が名を称えよ」という名なのだと。名は、迷いの側から光を求めてする行為ではない。光の側から名を通して衆生にはたらく、そういう行なのです。こういう意味で真実行ということを徹底的におっしゃるのです。

しかし、行という意味を持つ限りにおいて、衆生にはたらいて衆生を転ずるような、そういうはたらきをもっている名、名がそういうはたらきをもっているということにおいて、教えが立てられている。

こういうことが、親鸞聖人の『教行信証』の構想になっているのかと、そのように名の意味を、名を行だとする意味を考え直してみたのです。

まだちょっと私自身も熟していない考え方をここでお話しているものですから、聞き慣れていらっしゃる方は分かっていただけたかも知れませんけれど、何故、行が必要なのか、何故、行と言わなければならないのかと。何故、名が行なのかと、こういうような問いが渦巻いております。それがやはり、「行巻」を読んでも、なんとなく分からないという。何のためにこのような面倒なことを言われるのだろうという疑問になっておりますので、今日は少しくそのことを説きほぐしてみたかったのです。

## 法蔵菩薩の修行は罪業深き我らのためである

真実信心ということを解明するについて、親鸞聖人が「至心信楽　欲生我国」を本願の三心《さんしん》と見て、『観無量寿経』の三心《さんじん》と照らし合わせて、三一問答ということをなさっている。その至心ということを、真実心と押さえるについて、「至心はすなわちこれ至徳の尊号をその体とせるなり」（聖典二二五頁）といわれる。如来の尊号をもって体とするというふうにおっしゃる。

そこで、至心の体である尊号ということの問題を、まず私自身の最近の疑念からお話をしかけていました。

何故名号なのかという。この何でもないような問いなのですけれど、それは、聞名の教えだったのだという。名を聞くという形で、名の功徳に触れる。法然上人は、「名号はこれ万徳の所帰なり（名号者是万徳之所帰也）」（真聖全一・九四三頁）と言って、あらゆる功徳がそれに帰していると。名は万徳の所帰だとおっしゃる。

万徳ということは、人間の世界のことで言うなら、生活の中で行為したことが積み重なって、薫習されて見えざる力となってくるという。そういうことが、功徳という言葉の内実になっているのかと思うのですが、善悪ということが言われて、善男子・善女人という言葉がありましたけれど、仏教で善という場合は、この世の善と仏教の善と、どういう違いがあるのかということが、良く分からない。

「諸悪莫作　衆善奉行　自浄其意　是諸仏教」という有名な七仏通誡《しちぶつつうかい》の偈という言葉があって、いろいろな善を奉って行じなさい。もろもろの悪は作してはならないと。七仏通誡偈ということは、あらゆる諸仏がそういうふうに教えているということで、「ああ、そうか」というようなものですけれど、そこに「自浄其意」と、みずからその意を清めるという言葉が一言入っていて、その自浄其意ということにおいて、「是諸仏教」と、これが仏教であると言う。

何故、こういうふうに言うのかなと思うのですが、悪と言われるのは、普通は、良く分かりませんが、唯識で定義する時には、二世に渉って違損すると言う。二世とは、過去と現在、現在と未来という二世にわたると。

「善は、二世に渉って順益し、悪は二世に渉って違損する」と、利益とか損害とかいうのは、仏教を求めて生きていくという生活を基準にして考えています。この世の損得で善悪を立てると、とんでもないことが起こるのです。

この世で、善悪を立てたり、正義を立てたりすると、基準が曖昧ですから、基準が、本当は分からないことを基準に立てて正義を立てて来ます。

前のアメリカのブッシュ大統領がやったように、イラクに大量破壊兵器があると称して戦争をして、無茶苦茶にやっつけてみたら大量破壊兵器が見つからなかったというような話で、つまり、虚偽の正義を根拠に立てて、善を行じたと称して、アメリカは利益を得たのでしょうけれど、沢山の人が傷つき、亡くなって、日本などは、その為にお金を出せと要求されて、何のことやらわけが分からないということになっている。だからこの世の善悪というものは、いい加減な基準で立てられますから、当てにならないのです。

仏教の基準は、この世の善悪ではなくて、自浄其意だと。つまり闇が晴れる、心が清まるということにおいて、悪をすれば心が汚れる。何故、人間に起こる心理を煩悩と名づけるかと言えば、煩悩と名づける心理が起こると人間を汚すのです。人間関係を壊す。腹が立つというと、腹が立つだけで、人間関係がこわれますし、傷つきますし、自分の血液も汚れます。腹を立てるとホルモンが狂ってきて汚れるのだそうです。だから頭に血が上って血管も切れたりするわけです。ろくなことがないのだけれど、心理は自分で自分に都合の良いようには起こりません。因縁で起こりますから、因縁で起こってくるけれども、そういうものを起こさざるを得ないのが人間なのだと言うのです。でも、できるだけ起こさないようにしようではないかと教えるものだから、諸悪莫作（もろもろの悪を作るなかれ）というわけです。

心を汚す、人間を汚すのが煩悩であり、だから悪というのでしょう。それで、心を静める、心を清くしていく方向が善なのです。

これは、一般仏教ですから、一般仏教の立場であったらそうやって生きていくことの中に善を積み生きていくことが行であり、修行だというふうに教えているわけでしょう。

それに対して、浄土の教えというものが、聞き当てられて、特に浄土の教えにとっては、『観無量寿経』という教えが非常に大きな影響を与えているのです。『観無量寿経』という経典を、特に中国の仏教が深く取り入れて、道綽禅師もそうですけれど、特に善導大師を経て、善導浄土教と名づけられるほどに、善導大師の『観経』理解を潜って『大無量寿経』の教えをいただくことで、人間存在それ自身の問題が深められた。

だから、親鸞聖人も総序の文において、韋提希の問題を取り上げるわけです。浄土教が説かれるもとに、人間の逆縁として家庭内での殺人事件が取り上げられた。その殺人事件というものが大きな縁となって、罪悪深重の身の救済という大乗仏教の根本問題が、『大無量寿経』の聞名の教えを通して明らかになったのだという了解です。

『観無量寿経』という経典については、経典自身の問題として、いろいろな疑難が出されているのです。『観無量寿経』には、梵本がないとか、インドで作られたものではなくて、中国で作られたのではないかとか、そういう疑難が出されるのですが、それは、分からないことです。

大体、大乗仏教ということ自身が、インド北部から、ガンダーラ（Gandhāra）のあたりから、パキスタンとか、あるいはアフガニスタンとか、あの辺に仏教徒がいろいろな圧力から逃れて、山に入って修行する中で、大乗仏教の経典が生み出されてきたということが言われるのですが、大乗仏教ということは、如来の教えの意味を掘り下げていったのです。

このことを安田先生が繰り返しておっしゃっていました。精神の歴史というものは、流転して、段々変わっていくというふうに見る見方もあるけれど、より深めていくのである。哲学の歴史にしろ、宗教の歴史にしろ、投げられた課題をより深めていくという形で歴史が歩むのだと。だから、大乗仏教は、小乗仏教から分かれて段々曲がっていったのだと考えるのは、まったく精神史を知らない人間の解釈である、と。大乗仏教はより根源へ、より根底へ、その根拠は何であるかという形で、掘り下げられていった。そして本願が見出されてきたのだと。

だから、本願の仏教史観ということは、一番根源を掘り当てたというところから、仏教史を見直したのだと。『親鸞の仏教史観』と曽我先生がおっしゃるのは、段々変化してきたというのは、唯物論的仏教史観だとおっしゃって、段々変わってきた、変質してきたと、お釈迦さまの教えではなくなったと。大乗仏教などは、仏教ではないとか。親鸞の教えなどは仏教ではないとか、段々変わってきたから、もとのものではないという見方があるけれども。それはもとのままではない。より深く、より根源的に、より大悲の仏陀が教えを説こうとした、衆生の苦悩を除こうとした、その慈悲の問題をより深めたのだ。より真実に近づいたのだと。生ける釈尊が言おうとして言えなかったところまで、掘り下げたのだと。こういうふうにいただいていくのが、大乗仏教の読み方であるし、本願の仏教の見方なのだと言われていました。これは、非常に大事な見方だと思うのです。

大乗仏教が出て来た当初から、大乗仏教は仏教ではないとか、お釈迦さまが亡くなってから作られたものだから、仏説ではないという、大乗非仏説論があったのです。それに対して龍樹菩薩も、あるいは無著菩薩も、世親菩薩も、みんなこれこそが仏教だということを言わんが為に、論を作ってきているのです。

そういう点で、唯願無行と、つまり行がないではないかという非難は未だにあるのです。念仏など行ではないではないかと。親鸞は、本当に人間を深く見つめているけれど、今の浄土真宗に、行がないではないかと、こういうふうに言われるのです。空念仏ではないかと。その場合は、行という発想が、人間が行為をして段々立派になっていくという人間像から出ている言葉なのです。それに対して、念仏こそが「大行」であると主張しようとすることは、発想がまったく違うわけです。人間は愚かであり、罪悪深重である。人間が人間の行為を積み重ねても仏陀の方向に近づかない。そういう悲しみの事実に立って、にもかかわらず、大悲のはたらきを生きることができる。そのはたらきが行だと。

名が行だというのは、そういう意味であって、念仏こそ行だと言って、大きな声で念仏を称えて木魚を叩いてみたりしても、そのようなことは本願の行ではないのです。だから、そこに、「聞」ということを通して「行」が本当の「行」になる。そこに、親鸞聖人が「行巻」において、「徳号の慈父ましまさずは能生の因闕けなん。光明の悲母ましまさずは所生の縁乖きなん。能所の因縁、和合すべしといえども、信心の業識にあらずは光明土に到ることなし。真実信の業識、これすなわち内因とす。光明名の父母、これすなわち外縁とす。内外の因縁和合して、報土の真身を得証す」（聖典一九〇頁）と。光明名号というものを父母として、信心の業識ということをおっしゃって、信心というものこそが、報土の真身を得証するのだと、こういうふうに「行巻」でおっしゃるわけです。

これは、大変な問題なのです。真実行ということが、本願の行として解明されれば、真実行が衆生に与えられれば、もう真実行の中に仏道が成り立つと言う。仏法の課題が人間の上に完全に成就すると親鸞聖人はいただかれた。それが回向の行であると。

それで、『大無量寿経』は、「弥陀、誓いを超発して、広く法蔵を開きて、凡小を哀れみて、選びて功徳の宝を施することをいたす。釈迦、世に出興して、道教を光闡して、群萠を拯い、恵むに真実の利をもってせんと欲してなり」（聖典一五二頁）と「教巻」で言われる。『大無量寿経』というものは、弥陀と釈迦との仕事だと。弥陀は功徳の宝を施す。釈迦は、真実の利を与えると。こうまとめられて、だから、この経の大意は、「仏の名号をもって、経の体とする」と、「本願を説きて、経の宗致とす」と。本願を説く方はお釈迦さまの仕事、名号を与える方は、弥陀の大悲のはたらきだと。

『大無量寿経』の体は名号である。名号ということに、弘誓を超発した大悲の、阿弥陀の弘誓が成就している。体は、名号だと。それは、曇鸞大師が、「以仏名号為経体（仏の名号をもって経の体となす）」（聖典一六八頁）（真聖全一・二七九頁）と言って『無量寿経』という経の名前が、経の体だと。無量寿仏という仏の名号が経の体だから、経の題名が、経の体だという。そういう註釈をしているわけです。その註釈を受けて親鸞聖人は、弥陀誓いを超発してと。阿弥陀の誓いが、法蔵を開いて、法蔵菩薩の物語を生みだして、説き出して、そして功徳の宝（名号）とすると、こういうふうにまとめられている。

名号というところに、大悲の側からのはたらきが名となって、衆生の上に仏道を成就するのだと。その意味を開くべくお釈迦さまが、本願を説き出したのだと。

これが、曽我先生が「始めに行あり」というテーマで講演をなさった趣旨だろうと思うのです。これはすごいことをおっしゃっているわけで、普通は、教義学者はどう見るかというと、教・行・信・証・真仏土・化身土と横に並んでいるように考える。

けれど、本当は「教巻」で、内実は何かと押さえた時には、名号がすべてだと。名号の意味を開けば、本願だと。本願の内容として「行巻」とか「信巻」とか、「証巻」とか、「真仏土巻」とかいう、これは本願がこういう意味をもってくるから、第十八願とか、第十一願とか、第十二願、第十三願とか、そういう本願によってそれぞれの巻が開かれるけれども、体は名号である。

こういう押さえですから。これは大乗仏教の考え方というものが、背景にあって、行が仏道そのものであるし、行が成り立っているところに人間も成り立ち、生活も成り立ち、仏法そのものも成り立つという了解があるのです。

だから、親鸞聖人が「行巻」で行の問題を結んだところに、「しかれば、大悲の願船に乗じて光明の広海に浮かびぬれば、至徳の風静かに衆禍の波転ず。すなわち無明の闇を破し、速やかに無量光明土に到りて大般涅槃を証す、普賢の徳に遵うなり」（聖典一九二頁）という。この全部が「行巻」の結びのところに言われるわけです。

教えの内容を人間の側に呼びかけるべく開くと、信、証、真仏土、化身土というような課題が展開するけれど、体は名号であるという。この押さえがはっきりすると、その名号の功徳が衆生に本当に受け止められるということが、課題になるわけです。

その受け止めということが、「聞」であるわけです。「聞名」、名を聞くというところに名の内実を聞くということは、本願を聞くということになるわけです。名は本願の名である。本願が名の中から、名は一如功徳だと。親鸞聖人は、一如の真実功徳だとまず押さえる（聖典一五七、五一八頁参照）ということは、無明が晴れて触れるものを真如とか、法性とか、いろいろな言葉で言うのは、全部その仏教の概念の表そうとするものは、無明に覆われて生きていた人間の闇が晴れたというあり方を真如とか、法性とか、一如とか、実相とか、いろいろな言葉で言うけれど、それは、本来は、人間が、闇が晴れれば一如の存在であるということを言おうとするのです。

その智恵を衆生に与えるべく真如の側からはたらくのだということを物語として、「一如宝海よりかたちをあらわして、法蔵菩薩となのりたまいて、無碍のちかいをおこしたまうをたねとして、阿弥陀仏と、なりたまう」（聖典五四三頁）と。そこに本願を起こして阿弥陀となったという物語、これの全部は、一如の功徳を衆生に与えんが為の物語であるのです。

一如の功徳を与えるという、その本願の願いを現実に行じているものが名号である。「南無阿弥陀仏」である。こういう理解が親鸞聖人の「大行」理解だと思うのです。

それが衆生に呼びかけるという。その光明名号があっても、衆生がそれに触れて気づかないならば光明名号の功徳は、全然意味がないわけです。

衆生がそれに触れて気づくというところに、信心が、課題になるわけですが、その信心の問題が、人間の中ではっきりしない。

善導大師が、『観無量寿経』は定散二善の教であるという。ですから、心を澄ませなさい。あるいは善い行為を沢山積みなさいというふうに教える。これは、人間が努力してどうにかなっていくという、この世での生活の行為が人間を作って来るという、そういう業のあり方をそのまま教えに映して、努力していけば、どうにかなるという。そういう人間の常識的発想というか、自力の執心というものがありますから、それに添いながら、まあやってみなさいという教え方をするのが、『観無量寿経』なのです。

でも、善導大師は、その『観無量寿経』には秘密があると見抜かれたのです。それが至誠心・深心・回向発願心、という三心《さんじん》、この三心を具すれば、必ず浄土に生まれると。必生彼国と、こう言っている（聖典一一二、三三六頁参照）。

そうすると、定散二善と三心とはどう関係するのか。それで、聖道門の諸師が解釈する場合は、定散二善をする時の精神的な態度問題が三心なのだと。三心をもって定散二善をやりなさいというふうに読んでしまうから、三心など当たり前だと。至誠の心をもって行ずる。深い心をもって行ずる、回向発願、自利利他の回向発願で行ずる。それは基本的態度問題を言っているという了解なのだから、三心というところには、あまり重きを置かないわけです。

ところが、善導大師は、『観無量寿経』全体の秘密が三心にあるということで、至誠心とは何であるかといって、人間は、虚仮不実である、人間は、蛇蝎の如き心をもった存在だと。「たとい身心を苦励して、日夜十二時、急に走め急に作して頭燃を灸うがごとくするもの、すべて「雑毒の善」と名づく」（聖典二一五頁）と。至誠心などということが、人間に起こりうるかと言って、「阿弥陀仏、因中に菩薩の行を行じたまいし時、乃至一念一刹那も、三業の所修みなこれ真実心の中に作したまいしに由ってなり、と。おおよそ施したまうところ趣求をなす、またみな真実なり」と書いてありますから、『観無量寿経』の表の至誠心は、至誠の心を持ちなさいと言って。三つの心とは、「一者至誠心。二者深心。三者回向発願心」（聖典一一二頁）と書いてあるだけですから、『観無量寿経』を読んだら、真面目にやりなさいということだと読んでしまう。善導大師は、その至誠心というものを開いて、この至誠心は、如来の至誠心であって、衆生の至誠心ではないと見抜いたわけです。

定散二善は方便だと。善導大師の言葉では、顕の義だと。顕わに説いているのは、顕の義で、実は隠れた大悲の意味は「南無阿弥陀仏」を呼びかけているのだと。無量寿仏のお心は、衆生を救いたいのだけれども、衆生は自力の執着心が深いから、まずは自力を勧めるが如くに教えを説かれているのだと明かされたのです。こういうふうにして、最後に、罪悪深重の下品の機のところで名号が出て来るわけです。

下品上生、下品下生のところで名号が出て来るのです。それまでは、名号は出てこない。『観無量寿経』では、名号は、できの悪い悪人が、しようがないから称えなさいというように書いてあるわけです。

もう、あなたを救う手だてがないから、念仏しなさいというように書いてある。でも、それが実は、人間存在に呼びかけている如来の大悲なのだと善導大師は見るわけです。そこから見れば、「九品唯凡」であると、つまり皆同じ凡夫なのだと読まれたのです。そこまで読むということは、他の祖師方ではできなかったのです。

だから、親鸞聖人が、「善導独明仏正意」と言われるのは、善導大師が唯だひとり仏の正意を明らかにしたということを示されている。善導大師は、『観無量寿経』の背景に本願の聞名の思想があって、無量寿仏のお心はひそかに流れているのだと、『観無量寿経』の秘義を明らかにしたわけです。

これを通して、人間は罪が深い。生きるということは、本当に罪が深いのだという自覚が深められた。一説には、善導大師の時代、唐の時代には、キリスト教が入って来て、景教と言われます。キリスト教が入って来たから、キリスト教の影響で罪悪の身が自覚されたのではないかという説もあるのですけれど、そういう影響があったかも知れませんけれども、それは分からないところです。

影響があったから、良い悪いではない。影響があっても気がつかない人の方が多いわけです。善導大師が、人間の罪悪性を『観無量寿経』を縁として、あれだけ深めたということは、一方に善導大師は、『涅槃経』を読んでいますから、そしてあの大きな『涅槃経』の中に、『涅槃経』の中の主流のテーマとして、親鸞聖人が引用なさっているように、五逆と謗法と一闡提という救いがたい存在が、本当にたすかる道が説かれている。大乗仏教であるからには、どうしても本当にたすからない存在がたすかりうるという課題が、『涅槃経』に一貫して流れていると見られたのです。

『涅槃経』の中の阿闍世の問題も、長々と出て来るわけです。普通、『涅槃経』を読んでいても、何故、このような変な物語がついているのだろうとしか、善人意識で読めば気がつかない問題を、親鸞聖人は、「信巻」に長々と引用されます。唯除の文の内容として、『涅槃経』を大変長く引用される。これは『涅槃経』のテーマだと見ておられるのです。

『涅槃経』を読み抜いていたから、『涅槃経』の課題を本当に満足するものが、本願の救いなのだと、善導大師は、それに気づかれた。それで善導大師は、『観無量寿経』の解釈をする時に、『涅槃経』の阿闍世の物語を取り入れて解釈しているわけです。

善導大師という方は、すごい学者です。もともとは、『涅槃経』の学者であったのではないかと思います。そして『大乗起信論』も深く読み込んでおられますし、そういう人が、聞名の教えによってたすかったのでしょう。

だから、称名は仏の本願に依るということを気づかれた（聖典二一七頁参照）。それによって、『観無量寿経』の背景にあるものが、『涅槃経』であり、その一番の課題は、救われない人間を救うことだと。たすけがたき存在を救うというのが、仏陀の慈悲なのだと。

『涅槃経』では、釈尊の前に阿闍世が訪ねて行って、月愛三昧、月の愛の三昧の中で傷が癒える。皮膚病に苦しんでいた、その皮膚病が癒えるという形で救いが表されています（聖典二五九～二六一頁参照）。

私は、こういうことは、単なる物語だと思っていましたら、アメリカ人で、子どもの頃に、自分が乗っていた自動車が、横から突っ込んで来た自動車と衝突事故を起こして、母親が亡くなった。そのことで、子ども心に母親を殺したのは、父親ではないかと思うようになって、運転をしていた父親に対する不信感が、ずっとあって、精神的に、そういううつ状態が皮膚病になっていったのだそうです。その皮膚病はどんな薬を使っても治らなかったのが、浄土真宗の教えを聞いて、その『涅槃経』の救いの問題を聞いたら、皮膚病が治ったというのです。

その話を聞いて『涅槃経』の話は、釈尊の時代にも実際にあった話なのだな、と私には思えてきたのです。『涅槃経』が作った話かと思っていましたら、そういうこともありうるのだということです。だから精神的な傷と、この頃は精神医学が言い当てていますけれども、PTSD（post traumatic stress disorder　心的外傷後ストレス障害）と言われるような、深い傷は、自分で取ることはできないし、それが本当に深い人間の身体まで傷つけるような心の傷だとは思わないわけです。でも、それを押さえこんでいると、それは身体に出て来るのです。

身体が、その内面的な傷を表現してきている。それを精神医学的に治そうとしても、なかなか治らない。そういうことが念仏の教えに出遇って、治っていったという事実があるのです。まあ、びっくりするような話です。

ともかく、『涅槃経』では阿闍世の、皮膚病が痛くて、膿んで臭くて、どんな薬をつけても治らなかった病。それが、お釈迦さまの慈悲の光の中で、傷が癒えたという表現になっています。あの『涅槃経』の表現で、解放され、救われた喜び、自分を縛り付けていた、自分が罪のない父親を殺したという自分の罪意識が、皮膚病になっているわけですから、それが貴方の罪を、私も同じ罪を背負ってあげようとお釈迦さまが言って下さって、その慈悲の心の中で、どうなったかというと、自分が地獄に行くのが嫌だ、地獄に行くのが怖いと思っていたのが、地獄に行って苦悩の衆生をたすけたいという、回心が表現されています（聖典二六五頁参照）。

地獄が怖くなくなったら病気が治った。自分の罪業を何とかして除きたい。それで『観無量寿経』は、定散二善で、定善では、「八十億劫の生死の罪を除く」とか、「五万劫の生死の罪を滅除す」とか、「無数劫の生死の罪を除く」と言うし、散善でも、「五十億劫の生死の罪を除く」、「八十億劫の生死の罪を除く」と滅罪の功徳ということが繰り返して言われています。

つまり罪を除くという形で、救いが呼びかけられています。現実に、随分罪に苦しんでいる人は、この教えに引かれると思います。けれども、罪を除いて欲しいという形で要求して罪が除かれるかというと、そうではない。

本願力の救いに出遇うということは、罪を背負って生きていけるという救いです。大悲の中に、罪業の身が、きれいになってたすかるのではなくて、罪業の身がそのまま大悲の中にあるという形で救われる救いなのです。

それが、地獄に行っても悔いはないという。『歎異抄』の「地獄は一定すみかぞかし」という言葉も、これは無理矢理言っているのではないのです。こういう救いを『観無量寿経』を通して明らかにする。

仏法というものが、人間が仏に成るということだけだと、なんとなく闇の人間が明るくなるのだから、非常に楽天的な人間観なのですけれど、善導大師は、それを罪業深重の自覚というところまで深められたのです。これは、名号が業識を通すということは、信心を通さなければ、本当に人間の問題にはならない。

そして、名号の真実が人間にぶつかった時に、人間の側は真実をもらい受けるのかというと、そうではなくて、至心釈を見ますと、人間は徹底的に罪悪深重であるということが語られてくる。親鸞聖人の至心釈は、真実は名号である、如来のはたらきは真実である。けれども、凡夫は徹底的にそれに背く存在であるというふうに言われます（聖典二二五頁参照）。

そこに法蔵菩薩の兆載永劫の修行の段を、善導大師が至誠心釈に書いている、不可思議兆載永劫に、「かの阿弥陀仏、因中に菩薩の行を行じたまいし時、乃至一念一刹那も、三業の所修みなこれ真実心の中に作したまいしに由ってなり」（聖典二一五頁）という言葉をおかれるわけです。

これが不思議な話だなと思ったのです、名号の功徳に出遇うということは、法然上人は、名号の中に万徳があるというのですけれど、親鸞聖人は一如の功徳があるとおっしゃるのです（聖典一五七頁参照）。

それが、衆生の側に来るためには、法蔵菩薩の兆載永劫の修行がかかっている。法蔵菩薩の兆載永劫の真実が歩むことで、虚偽の人間に名号の功徳との出遇いが生ずるという了解です。

親殺しの罪とか、そういうような問題は、なかなか隠しきれないということになるかも知れませんが、人間は罪の身や罪の生活があることをなるべく隠して生きていきたい。その隠そうとすることが身体にでてしまう。押さえ込もうとすることが、より深く人間を傷つけてくる。そういう人間に深く人間の罪を自覚させ、そして自覚して、それを引き受ける主体、引き受けるような眼というものを教えてくる。人間を本当に深く自覚させ、そして人間の闇をいただいて生きていくような智慧を開いてくる。これが、浄土真宗が人間に与える大きな利益なのではないかと思うのです。

こうして親鸞聖人の教えをいただいていますと、私自身は、本当に愚かな人間であり、浅薄な人間だと思うのです。こういう考え方をお他宗の方に言うと、お他宗の人は、そんなに深く人間を考えているのかとびっくりされるのです。真宗にお育てをいただいたものにとっては当たり前なのですけれども、お他宗の方々には、そのように感じられるらしいのです。

お他宗からすると、行でたすかると思っていますから。自分で行をやっていけば、仏さまに近づけると思っている。ですから念仏は行ではないと思っている。念仏が行だということは、人間を深く教えてくるわけです。念仏の「大行」にはそう簡単に人間は、触れられない。その触れられない人間を、歩ませて、功徳を恵まずんば止まんと歩んでいる。その大悲に気づかせる。そういう形で、人間がどれだけ罪人であろうともたすけずんば止まんという大悲に触れられるのだという深い信頼感があるのです。

大体、人間不信ということは、自己不信なのだと曽我先生は言われました。現代は、人間不信の時代だと。でも人間が信じられないというけれど、それは、実は、自分が信じられていないということなのだと言われたのです。自分とは何であるか分からない。それに虚偽で生きていますから、良い顔をして生きていますから、自分自身とは何であるか良く分かっていないのです。

例えば、原発の問題などを聞かされるにつけ、生きているということが為す罪の深さは、逃れがたい。こうやって我々は電気を使っている。これを止められるかと言えば、止められない。原発を止めても、きっとそんなに困らないだろうと思うのですけれど、原発の構造が経済を支えているというところがあって、原発を止めたらどうなるかという脅しがかけられるのだけれど、ドイツが止める。日本が止めてもどうということはないのでしょう。電力が不足するなら、ちょっとは困るでしょう。けれども自然が与えている様々の力、風力とか太陽エネルギーとか地下のマグマの熱エネルギーとか、きっといろいろと工夫してエネルギー源を取り出してくるに相違ない。けれど、安易に原発に頼っていた方が得だという考えがはびこっているものだから、使っているのでしょう。でも、地下水に放射性物質がもれた話だけではないでしょう。使用し終わった燃料棒の処理をどうするのかという問題があるのに、平気でやっていこうというわけです。使用済み核燃料棒はどんどんたまっていくのだから、それを冷やす為の水処理タンクをどれだけ増やすつもりでいるのか心配です。

今の地下水への漏れに関わっている貯蔵タンクは、継ぎ目があって、そこが五年の寿命だと言うのだから、五年後には、どうなるのでしょうか。これは、福島第一原発だけの問題ではないでしょう。他のところは、事故が起こっていないから良いというものではないでしょう。後のことは何も決めないで、今出ている問題にだけ目が行っていますけれども、そういう放射能ゴミと称されるものを引き受ける場所もないし、日本では、人間の住んでいない場所はありませんから、捨てる場所がないままに放射能ゴミを貯めているわけです。

こういう生活を我々は、間接的だけれどもやっているわけです。罪悪深重です。人間は濁世を生きていますから、濁世の人間は、どうしても清浄にはなりませんけれども、それにしても罪悪深重です。

特に、近代生活は、経済生活を通して、資本主義を通して、私たちは完全にそこに巻き込まれていますから、知らない間にこの構造に荷担しているわけです。とにかく虚偽の構造に荷担してしまっている。この罪悪深重性は、気づいても間に合いません。そういう闇の中に生きていることを認めた上で、お互いに何とかしようということを少しでも生きなければいけないのに、虚偽に虚偽を重ねて利益が正義だと、そういう発想で生きてしまっている。それは本当に罪なことだと思うのです。

どうなるのでしょうか。今のところは、地震が来るぞ、地震が来るぞ、と言って騒いでいますけれども、十年も来なければ、また忘れてしまうという悲しい存在が我々であると思うのです。原爆の問題でも、原爆を落とされて、未だに沢山の方が苦しんでいて、直接的影響なのか、間接的影響なのかということは、生命体というものは、いろいろなものを受けて生きていますから、原因を一つに特定できないので分かりません。

でも、本当に沢山の生命を壊すようなものを後から後から作り続けて生きているのが、現代生活ですから、この罪は、どこかで、何十年か何百年か後には生命体にきっと影響してくると思うのです。その時では遅いわけです。未来の衆生の為にも、何かもうちょっと深く考えなければいけないのではないかということを本当に思うのです。まあ、私が言ってみてもしようがないといえばしようがないのですけれど。

今日は、ここまでにいたしましょうか。

（以上　二〇一三年八月三十一日講義分）

行が何故必要であるかという問いは、仏教であれば行は当然である、ということですけれど。あえて、何故、念仏を行として主張するのかということから問題を考えて来ました。

念仏を行とする場合、親鸞聖人は、「大行」とおっしゃっていて、それを受け止める存在を、大小の聖人・重軽の悪人という言い方をします。「大小の聖人・重軽の悪人、みな同じく斉しく選択の大宝海に帰して、念仏成仏すべし」（聖典一八九頁）と。

法然上人は、「弥陀如来　法蔵比丘之昔　被催平等慈悲　普為摂於一切　不以造像　起塔等諸行　為往生本願　唯以称名念仏一行　為其本願也（弥陀如来、法蔵比丘の昔平等の慈悲に催されて、あまねく一切を摂せんがために、造像起塔等の諸行をもって往生の本願となしたまわず。ただ称名念仏一行をもってその本願となしたまえり）」（真聖全一・九四五頁）と、平等の慈悲に催されて、法蔵願心が、念仏を選択したと言われる。

選択したのは、一つには、誰でもができるという、平等の慈悲ということから、できるだけ易しい行、易行を選ばれたと。これは龍樹菩薩が、仏名を称するということが、易行である。その易行をおくということには、難行道の困難さに対して、易行道というものを水道の乗船、水の上を船で行くという喩えで、易しい行ということを言っているのですけれども、それを法然上人は、平等の慈悲に催されて、誰でもができる易しい行を選んだのだというふうに意味づけておられます。

そして易しいけれども、勝れているといって、勝劣・難易ということを言うのです。劣った行ではなくて、勝れているのだと。何故勝れているかと言えば、仏の名というものは、万徳の所帰と言われて、あらゆる功徳が名に備わっているのだと。つまり、因位の行の、行の蓄積による力が果の仏の名になって現れている。あらゆる功徳を、どのような仏であっても持っている。中でも、阿弥陀仏は、因位法蔵願心が一切衆生を救おうとして、願を起こし、行を積んで、その功徳が名に具わっているというふうな説明です。

そういう意味で、「同一念仏無別道故」と、曇鸞大師はおっしゃいます。同一の念仏という行で、広大なる大悲は、一切衆生を平等に摂取してすべて成仏させようと。そういう願いがはたらく場、それを浄土と言うわけですが、阿弥陀の浄土に摂取する。その為の行は、平等の行である、同一念仏であると。こういうふうに説明してくるわけです。

普通の行は、衆生各々がそれぞれの縁で起こす行です。これは凡夫・人天の雑行とか、あるいは因から果への小さい行、小行であるとかというふうに言って、更には、親鸞聖人は、自利各別の行、みずからが自分で努力してということは、自利、みずからが覚りを開いていこうという菩提心の行ではあるけれども、自利というところに、各別である。自利は、一人ひとりの業縁に応じて、それぞれの人が行為をする。ですから、どういう行為をどういう状態でできるかというのは、その人その人の因縁によるわけです。

例えば、体力が勝れ、あるいは気力も勝れていて、縁がもよおせば、回峰行ということもできる。けれども、体力がなくて、そういう長い時間を取るような因縁に恵まれない人であれば、そのような時間を取って、千日もの間、回峰行をやるというようなことは、とてもできない。だから、どれだけ、人間としては勝れた大変な行だと思っても、本質が自利各別であると。こういうふうに親鸞聖人は押さえて、自利というのは自力である。自力の行というものは、本質的に大悲の報土には適しない。

そういう意味で、平等にうるおさんがために、誰でもができる行という眼から見て、仏名を称えるという方法が選ばれたのだろうといただくわけです。

しかし、その念仏の功徳は、「信巻」にくると、「真実の信心は必ず名号を具す。名号は必ずしも願力の信心を具せざるなり」（聖典二三六頁）と、親鸞聖人は押さえておられて、どれだけ名号が勝れていても、それで人間がたすかるとは限らない。むしろ、「称名憶念あれども、無明なお存して所願を満てざるはいかん」（聖典二一三頁）という曇鸞大師の問いがあるのです。称えてはみるけれど、一向に闇が晴れないと。

こういう問題が起こるから、そこには、法蔵願心のご苦労が掛かるというふうに善導大師が、至誠心の釈に、『大無量寿経』の語る兆載永劫の物語、因位の菩薩の時に、兆載永劫に、一時として不実な心を交えずに、真実の心で行じ続けたのだという法蔵菩薩の物語を至誠心につけている。

親鸞聖人は、それを至心釈、如来の至心を衆生に回向しようという、如来の至心のはたらきという中に善導の至誠心釈（聖典二一五頁参照）を入れてくるわけです。

それは、衆生が穢悪汚染にして、とにかく汚れた心と濁った心で、少しも清浄な心が起こらない。そういう衆生に対して、「ここをもって」（聖典二二五頁）というふうにして至心釈では、その兆載永劫の行を起こすという物語を書きとめておられるのです。

平等の大悲というものが、念仏となってはたらいている。曇鸞大師が、「今日阿弥陀如来の自在神力」（聖典一九八頁）と、その自在神力に対して、因位法蔵菩薩の願行を対応させている。これは不虚作住持功徳の釈、「観仏本願力　遇無空過者　能令速満足　功徳大宝海」という釈の中に、今日阿弥陀如来の自在神力と法蔵菩薩の因位の願行と、こういうことをいって、「願もって力を成ず、力もって願に就く。願、徒然ならず、力、虚設ならず。力・願相符《かの》うて畢竟じて差《たが》わず」（聖典一九九頁）という註釈をしておられます。

阿弥陀如来になって、阿弥陀如来が救って下さるというだけではなくて、因位法蔵菩薩がはたらくと。物語としては、因位法蔵菩薩は、過去に修行して、そして今日阿弥陀如来となられて自在神力をもって光明遍照十方世界、限りない光のはたらきをもって衆生を摂取してくるということなのですけれど。これは、願と力とが、願の位である法蔵菩薩の願行と、力となった阿弥陀如来の光のはたらきとが交互に、力と願とが同時交互にはたらいて、出遇う人を必ずたすけ遂げるというふうに了解しておられるのです。

親鸞聖人は、その不虚作住持功徳の曇鸞大師の釈を「行巻」に引用されるのです。ですから、体は名号として、名号の中に物語全部を包んで衆生に呼びかける。けれども、それを聞き当てるのは衆生の側の仕事であり、それが「聞」なのです。その「聞」がなかなか成就しない。そういう問題、これは現実問題です。

現実に、念仏が一切衆生に平等に浄土を与えようという行だと呼びかけても、それが自分のことだとは思えない。そこに、平等の法に対して、なかなか相応しない機という問題、人間の側の問題があるのです。それは、人間は、一人ひとりが違う人生、違う時代、違う社会、違う感じをもって生きている。何故、そう違ってくるのかということについて、これは業縁であると。業ということを言うわけです。

安田先生は、人間は、意識存在であると。それは小乗仏教でも意識分析をして、人間の意識というものを分析して、その意識が迷っているから。迷っている意識の闇を晴らして明るくするということにおいて、人間がたすかっていく。そういう見方は、小乗仏教にもあるけれども、小乗仏教で取り扱う意識は六識です。それに対して、意識と言っても一人ひとりが、一人ひとりで感ずる意識内容というものは、それぞれ違う。同じ環境が与えられていても、一人ひとりが感ずる意識の有様は違う。例えば、昨日飲みすぎて、今日の気分が悪いと思っている人にとっては、快適な空間が与えられていても、必ずしも心は快適でないということは起こるわけです。

それは、その人の前の日の事情、その前の日に至るまでの長い過去からの生活歴の事情など、いろいろなものが加わって、客観的に同じ環境ということは言葉としてあっても、現実は、一人ひとりが、一人ひとりの身体に感ずる環境であり、身体と環境との関わりにおいて意識が起こっているわけですから、一人ひとりの環境が違うのです。

この一人ひとり違って来るものは、六識からは説明できない。六識というのは、眼・耳・鼻・舌・身・意ですから、眼・耳・鼻・舌・身・意で感ずる意識内容が何故違うのかというと、これは、業によるのだと。その業はどこで引き受けるのかと言えば、第六識は、理性の意識ですから、理性の意識は、業を引き受けない。業を引き受けて生きているのは、身体をもってはたらいている意識、身体と環境を自己とするような意識、これを阿頼耶識と大乗の唯識思想は名づけた。

阿頼耶識は、いわゆる意識よりも深いところで、命を支え、命をいとなんでいる。その命の根本的ないとなみというものを阿頼耶識と名づけた。

そうすると、阿頼耶識は、過去の生命の歴史全体を背景にして、念々に蓄積されてくる経験を自己(種子)として、新しい経験を起こしてくる。昨日、「行」ということが、次の自己を作って来るという話をしましたけれど、そういうことが成り立つ場は、唯識から言えば阿頼耶識なのです。

たとえ第六意識が忘れても、経験したことが残っているというのは、どこに残っているのかというと、そこを阿頼耶識と名づける。阿頼耶というのは、蔵という意味です。経験の蔵です。こういう蔵であるような意識、阿頼耶というところに、一人ひとりの業の違いを感じ取って、その人その人が自己の命を生きる生活歴ということが成り立ってくる。それを自我だと思ってしまう。自我だと思う意識は、末那識と名づけられている。何時も阿頼耶識が一切の経験を引き受けて生きているという事実を、それは私が生きているのだ、我が生きているのだというふうに考えてしまう意識を末那識と名づけるのです。

ともかく、個体がそれぞれ違う情況を感じ、違う人生を生きる。同じような情況が与えられても、一人ひとり違うわけです。

その違いをもっている衆生が、平等の慈悲を受け入れるということが、なかなかできない。「同一念仏無別道故」と言われても、自分は念仏だけでは物足りない。もっと勝れたすごいことをやりたいというわけで、自利各別の意識が抜けない。そういうところに、物語としての法蔵願心の兆載永劫のご苦労というものを、一人ひとりが宿業の違いを感じて生きているような主体の中に、念仏の心が根付くようにするという。そういう意味で、『無量寿経』の勝行段（聖典二六～二七頁参照）と言われる段で、法蔵菩薩の修行を語っています。それを衆生に信心が獲得されるということの背景に、親鸞聖人は、取り込まれるわけです（聖典二二五頁参照）。

これを曽我先生は、法蔵願心は、宿業本能の大地に立ち上がるのだと。こういう表現をされるのです。

宿業という言葉を曽我先生は、生物学の用語である本能という言葉に翻訳されて、宿業本能ということをおっしゃるのです。まあ、宿業は本能だというのは、ちょっと分かり難いのですけれど、本能というのは、それぞれの種に特有の能力がある。鶴であれば、ある季節になったら日本に飛来して、ある季節になったらシベリアに帰っていく。それはどうしてか分からないから、それは鶴の本能だと説明する。それぞれ、犬には犬の、猫には猫の独特の能力がある。こういうものを本能というふうに言うのです。けれども、環境が変わると、渡り鳥が定着してしまうという例がけっこうあるらしいです。

人間と触れあってくると、本能が消されてしまうというか、猫でも猫は本来小さい動物を捕って食べている、そういう動物だったわけでしょうけれど。人間に飼われている内に、じっとしていても餌をくれるから、ネズミを捕るなどということをしなくなる。ゴキブリも追いかけない。猫は本能を忘れてしまった。だから本能という言葉も、もともとは、その種族に特有の能力で、何でそういう行為をするのか、人間には分からないということから、分からないけれども、持っている力というので本能と言ったわけでしょう。

その分からないけれども持っている生命力というような意味で、一人ひとりの命が生きる力を持っていることから、宿業ということは、本能だというふうに曽我先生は感じ取られたのでしょう。でも宿業を本能と言われても分かるわけではありません。

業というのは、業というインドの概念が、それぞれの人に、それぞれの人生が与えられる。何故、そういう因縁になるのかということは、一人ひとりが、自分のこれまでに生きてきた生活の結果として、今があると感ずる。それを業に感ずるという言い方をするのです。業感と、業を感じて、自分自身を業の責任として、自分はこういう存在なのだと頷く。それは六道流転の情況の中で、今、自分が人間に生まれるということも、どうしてかということも分からない。人間であっても、それぞれ違う情況に生まれることが分からない。それをインドの何千年の歴史の中からインド民族がカルマン（karman）という言葉で、善悪の行為が蓄積されて、その人、その人が、次の命の時には、その責任をとって、一人ひとりが違う生命を与えられるのだというふうに伝えてきた。業は神話的概念であると言われているわけです。

だから、カルマン（karman）という言葉は、もともと仏教用語というわけではないのですけれども、それが、仏教の教えを聞いていく時に、迷っている命の、命を成り立たせる力はどこにあるかという時に、業という言葉を使うのです。

昨日、修業を、「業」と書くということを申しましたけれど、この業と漢字で書いた場合にも、そういうカルマン（karman）という意味ばかりではなくて、生活の生業とか、行為そのものとか、生活行為という意味でも、業という字を使うこともあり、いろいろな意味を含んで使われてきますから、なかなか面倒なのです。

ともかく、その業に感ずるということが成り立つ場所を阿頼耶識であると唯識は押さえた。それが、一人ひとりが違う人生を感じ、違う身体と、違う環境を与えられて生きるという。ある意味で運命的に、時代が限定され、社会が限定され、場所が限定され、個体が限定される。

何故、自分は、こんな時代に、こんな場所に、こんな身で生きなければならないのかと、幾ら言ってみても、色・受・想・行・識という五蘊は、平等です。誰でもが五蘊で成り立っている。けれども、私の五蘊とあなたの五蘊と同じだとはとても思えない。

どうしてか、五蘊という条件は同じなのだけれども、植物の種で言うならば、撒かれる場所によって、場所の良し悪しで育ち方に違いが出る。

そういう不思議な因縁と言いますか、因だけでは生命は説明できない。因に縁が与えられる。その因縁を引き受けるのは、誰が引き受けるのかというところに、阿頼耶という意識を見出して来たわけです。

その阿頼耶識は、身体と環境を感ずる意識だと定義される。それから、阿頼耶識は、「異熟なり一切種なり」と言われて、異熟ということは、善悪の業の結果を引き受ける。今までの行為経験の性質に善悪ということを名づけて、善悪の結果を引き受ける場所、それが阿頼耶識なのです。それが一人ひとり、違う人生を作ってきてしまう。その一人ひとり違う人生というところに、仏法を求めて修行するという場合でも、因縁が違ってくる。因縁が違ってくると、平等の行が教えられても、平等の行では、なかなか納得できない。

そういうところに、「諸仏の所証は平等にしてこれ一なれども、もし願行をもって来し取るに、因縁なきにあらず。しかるに弥陀世尊、もと深重の誓願を発して、光明名号をもって十方を摂化したまう」（聖典一七四頁）と。それで善導大師は、「ただ信心をして求念せしむ」と、信心を求めさせるのだと。こういうふうに書いていて、親鸞聖人は、そのことを「行巻」で押さえておられるのです。

その信心を求めさせるというところに、親鸞聖人は、阿弥陀の自在神力ではなくて、法蔵菩薩の因位の修行ということを押さえられた。

親鸞聖人の若い時の、法然上人との対話の記録が『歎異抄』に残されていて、「善信が信心も、聖人の御信心もひとつなり」（聖典六三九頁）という言葉が出ておりますけれども、信心同一というテーマです。

一方で光明名号を父母に譬えて、「徳号の慈父ましまさずは能生の因闕けなん。光明の悲母ましまさずは所生の縁乖きなん。能所の因縁、和合すべしといえども、信心の業識にあらずは光明土に到ることなし。真実信の業識、これすなわち内因とす。光明名の父母、これすなわち外縁とす。内外の因縁和合して、報土の真身を得証す。かるがゆえに宗師は、「光明名号をもって十方を摂化したまう。ただ信心をして求念せしむ」（礼讃）と言えり」（聖典一九〇頁）と、信心の業識ということがなければ、光明土に生まれることはないのだと言われます。

この業識については議論があるところです。何故、業識と書かれたのか。親鸞聖人は、信心といっても、人間が努力して解釈したり考えたりして信ずるようになったというような「自力の信心」というものは、移ろいやすい。大きな力の影響を受ければ考え方が変わってしまう。そういう自力の信では、真実報土の往生を得ることはできないと。

自力の信が教えられている「至心発願の願」とは、自力の心で浄土を求める。そういう場合は、方便化身土の往生を得るのだというふうに対応されます。

方便化身土は、浄土とは言うけれど、胎生辺地であると言われて、真実報土ではない。本願が平等に衆生を潤そうとするはたらきのある場所ではなくて、自分で獲得するという心で生まれるのだから、その自分で得た境遇の中に埋没していってしまう。停滞してしまう。だから、

誓願不思議をうたがいて　御名を称する往生は
宮殿のうちに五百歳　むなしくすぐとぞときたまう
（聖典四七八頁）

という和讃があります。

獲得した宮殿の中で五百年間、空しく過ぎてしまう。そういう場所に生まれてしまうのだというふうに物語を取り入れて、自力の信というものの、限界を教えているわけです。

けれども、人間が信ずるという限りにおいては、人間一人ひとりは、宿業因縁の苦悩を生きている。一人ひとりに一人ひとりの独自の苦悩がある。身体の問題、心の問題、人間関係の問題や ら、様々な諸問題というものを、一人ひとりが違う形で感じ、違う形で苦しんでいる。だから業の違いが、苦悩の質の違いとなって、情況の違いを、それぞれが苦悩として、同じ苦悩の、同じ

情況のようでも、片方は、大したことでないと感じ、片方は、ものすごく深刻に感ずるなどということは、どこにでもある話でしょう。何故か分からないけれども、一人ひとり違うわけです。そういうふうに、業に感じて、違いが与えられて、その違いをそれぞれが違ったふうに感じて生きている。

そういう人間に、平等の大悲を信ずるということを発起させることは、大変難しい。でも、曽我先生は、法蔵菩薩を感ずるということは、宿業に感ずるのだと。こういうふうに積極的におっしゃるのです。つまり、法蔵菩薩のご苦労というのは、この私ごとき、この愚かで、つまらないことにくよくよしているような私の所に、兆載永劫のご苦労が必要なのだと。

初めから、平等の名号一つで良いと言われて、「ああ、そうですか」とはいかないのです。親鸞聖人は、名号こそが真実行であり、平等の行であり、人を選ばない。だれでもが、平等、同一念仏無別道故だと、もう別の道はない。これひとつでみんな平等に真実報土に生まれる行であると。こういう面を押さえながら、それが信となるためには、兆載永劫の修行がかかるのだと。

大悲が開く世界は平等である。「大信海を案ずれば、貴賤・緇素を簡ばず、男女・老少を謂わず」(聖典二三六頁)と。あらゆる差別が全部吹き飛んでしまうような世界が大信海である。大きな信心の海である。信心を獲れば、信心の世界は、海の如き平等性であると親鸞聖人は、信心を讃めたたえます。

でも、一方で、業識という言葉も書かれる。これは、一人ひとり違う人生を業に感じて苦しんでいるという現実がある。その迷っている事実は、一人ひとりが、一人ひとりの業の中を迷っている。業の違いを違いのままに迷っている。そういう迷いは、たとえ親族にしても、友だちにしても、ある程度は分かってもらえても、やはりどこかで違いますから、本当に分かるというわけにはいかない。そういう人間の限界、個のもつ壁のようなものを生みだして来るのが、業という言葉の持つ重みでもあると思うのです。

個体が変わると、本当のところは、分からないのです。自分に感じているものと似たものがあるのかな、という程度までは分かるけれど、違うものを感じているという内容はまったく分からない。それは、自分の人生でもちょっとした情況の違いでまるで違うようになるわけですから、主体の情況が業に感じて、違うように感ずるようになるとしか説明できないけれど、一人ひとり、違う情況を感じて生きているわけです。

そういうように、業を感じて生きているという事実のところに、平等の大悲の救いということが本当に信じられるということは、大矛盾です。

それぞれ自分がたすかりたい。自分の都合を自分流に解決したいというのが、人間の感ずる問題意識でしょう。ところが、そういう自利の関心では、本当に平等の大悲のような大きな救いは得られないのです。

法蔵願心の物語は、曇鸞によれば「本法蔵菩薩の四十八願と、今日阿弥陀如来の自在神力とに依る。願もって力を成ず、力もって願に就く。願、徒然ならず、力、虚設ならず。力・願相符うて畢竟じて差わず」（聖典一九八〜一九九頁）という。『無量寿経』の物語で言えば、十劫の昔に正覚を成就して阿弥陀如来となったというけれど、因位の法蔵菩薩の願行は、兆載永劫だというのですから、終わることがない。

だから名となって終わるのでなくて、名となって願力が本当にはたらく。願と力とがはたらくというふうに曇鸞大師がいうのは、名号が本当に衆生の信になるためには、法蔵願心がはたらき続けるのだと。こういうふうに物語を生きたものとして、現に、今、はたらき続けているという。今日自在神力がはたらいているだけではなくて、因位法蔵願力も常に今はたらき続けている。

十劫の過去に成就して阿弥陀になった、だから終わったというのではなくて、阿弥陀になっても、今、現に、この業に苦しむ衆生にはたらいて、名号がもつ平等の意味を衆生が頷くようになるためには、兆載永劫の修行が現に今、はたらいていると。

十劫正覚と言って、十劫の昔に覚りを開いたのだから、もう衆生はたすかっているのだと、そういう物語解釈というのは、まったく実存性がない。

現に、今、苦悩して、業に感じて苦悩している一人ひとりの人間の苦悩を、如何に解決するか。物語が過去に済んでいるのだから、お前はもうたすかっているのだというのは、全くのナンセンスです。

そういう為に物語が語られているのではない。平等の大悲を、個の苦悩を個でしか感じられない宿業因縁を生きる苦悩の衆生一人ひとりに、平等の大悲を信受することを、与えるという。これは正に「難中の難」です。

その難中の難を超えて、平等の大悲を衆生に信受せしめようと、大悲が念仏を選んだ。それが信心となるために、信心の願、第十八願を誓われた。如来の大悲が衆生の信心を誓っているのだと見られるのが親鸞聖人です。

その衆生の信心の質は、「至心信楽欲生」の三心ともに真実心である。疑蓋まじわることがない。如来の側からは、衆生を疑わない。如来の側からは必ずこれを衆生のものにしよう、衆生に与えようとはたらき続けて疑いがない。

衆生の側は、疑いが深く、なかなか自分のところにこの大悲を受け入れようとしない。そこに、菩提心の闘いと言いますか、自我の、個我の殻を持って、その中に閉じこもろうとする衆生に対して、それを破って光を与えようとする大悲願心との、ぶつかり合いがある。それが、念々に、兆載永劫の修行の質をもって、現に、今、ここに、我々にはたらいてくるのだと。

ですから、徹底的に至心信楽欲生の三心の解釈に、衆生の側はたすからない存在であるということを、「一切の群生海、無始よりこのかた乃至今日今時に至るまで、穢悪汚染にして清浄の心なし」(聖典二二五頁)というように、一つとして真実があることなく、虚仮諂偽であると徹底的に言うわけです。

何故、それほど人間をいじめるようなことを言うのだろうかと思うほど親鸞聖人は、徹底的に、これでもかというほどにこき下ろすのです。

だからこそ、如来が、「如来の至心をもって、諸有の一切煩悩・悪業・邪智の群生海に回施したまえり」（聖典二二五頁）と、たすからない存在をたすけずんば止まんとはたらき続ける。この矛盾を破って、一つになるということが成立する為には、兆載永劫の時間がかかると。そういう質の信心なのだと。

真実信心を感じ取る一人ひとりの主体は、親鸞聖人で言えば、「弥陀の五劫思惟の願をよくよく案ずれば、ひとえに親鸞一人がためなりけり」（聖典六四〇頁）、つまり自分の為に兆載永劫の修行をして下さっていると一人ひとりが感ずる。

そういうふうに感じ取った信心は、これは自分でつくり出した信心ではなくて、如来回向の信心です。信心自身の根拠が如来にある。如来の側のはたらきが、衆生を照らして、この愚かで、心の暗い衆生のところに

　　無明長夜の灯炬なり　智眼くらしとかなしむな
　　生死大海の船筏なり　罪障おもしとなげかざれ
　　　　　　　　　　　　　　　（聖典五〇三頁）

こういう和讃が出て来るような自分のこの愚かさ、心の暗さ、その暗さをどれだけ暗いと言っても歎かないでいいのだと。

無明長夜の灯炬、つまり無明の闇を照らし続けるという灯火があるのだと。こういう頷きがある。智眼がない、智慧がない、愚かさが消えないということを悲しまなくて良いのだ。凡夫には智慧はない、愚かである、無明の闇が晴れない。にもかかわらず、それを晴らさずんば止まんというはたらきが来ているということを受け止めさえすればいい。

それは、人間から作る真実ではなくて、如来の真実を信ずる。その真実は、如来の側の真実である。衆生の側は、どこまでも虚仮諂偽で、空しく、偽りで、へつらいのみである。へつらうというのは、強いものの前に尻尾を振ってうずくまっている犬や猫のようなもので、そういう存在が凡夫なのだと。悲しいかな、ちょっと強いものが来たら縮こまってしまうという本質が凡夫なのです。諂偽の「諂」に、「へつらい」と親鸞聖人はルビを振っておられる。

それが凡夫なのだと。そういう人間を救わずんば止まん、たすけずんば止まんとはたらき続ける。我々は、そういう言葉を聞くと、如来を信じたら、そうならせる力が何か入ってきて、こびへつらわない人間になるのかと思うけれども、そういうわけではないのです。

凡夫の本質は、どこまでいっても凡夫です。だから凡夫であることを止めずして、煩悩を縁として大悲を信ずる。

本願円頓一乗は　逆悪摂すと信知して
煩悩菩提体無二と　すみやかにとくさとらしむ

（聖典四九二頁）

「煩悩菩提体無二」と知らせるということがありますけれども、煩悩がなくなってたすかるのではなくて、煩悩があるままにたすかる。「不断煩悩得涅槃」、煩悩がなくならないのだけれども、煩悩が人生の邪魔にならなくなるような智慧が大悲の方から与えられる。

ここは、親鸞聖人ご自身も、その問題には随分苦しまれたのでしょう。それを表現するのはとても難しい。まったく何も変わらないのなら、本願を信じたという証拠がどこにも残らない。けれど、今までのことが全部変わってしまうというなら、それは嘘である。

では、どういうことなのか。それは、愚かであり、生死罪濁の身であるにもかかわらず、それを包んで、その全体を救い取ろうというはたらきが、乗船を待つ船の如くに来ている。これを信ずる。

その信ずるという心において、つまり、まかせるという心において、ここにある問題はなくならないのだけれども、あっても障害を為すほどの力を失う。そういう視点の変換が起こる。こういうことが信心を得るということにおいて、人生を照らして来る光のはたらきがあるということなのだと思うのです。

ですから、一人ひとりは、宿業因縁の命で、業縁の命ですから、これはどれだけ怨んでみても取り替えることはできない。けれども、その宿業因縁のところに、法蔵願心のはたらきをいただいて、念仏成仏の教えに帰していく。念仏成仏に帰していくというところにおいては、「同一念仏無別道故」という平等の世界、大小の聖人・重軽の悪人、みな同じく等しく、選択の大宝海に帰していく。どのような人間であっても、平等の大道である。

ここに人間の小さな行為としての行ではなくて、宿業の違い、個性の違い、賢さとか、愚かさとか、「如来誓願の薬は、よく智愚の毒を滅するなり」（聖典二三六頁）という言葉もありますように、そういう人間の分別の差の違いというものを突き破って、平等の世界というものを開いてくる。これを親鸞聖人は、繰り返し、繰り返し、おっしゃってくださっているのではないかと思うのです。

曇鸞大師にあっては、『無量寿経』の本願ということを非常に大切にされるのです。「同一念仏無別道故」という言葉も曇鸞大師の言葉ですけれども、同一に念仏する以外に、別の道がないような平等の大道、浄土の方向を向いた平等の救いということを曇鸞大師が言われるのです。そのことを成り立たせる力は、本願にある。浄土に生まれるのも、浄土に生まれた人天のはたらきも、全て阿弥陀如来を増上縁とするという。増上縁という言葉を使われるのです。増上縁というのは、善導大師も使われます。

増上縁というのは、因縁という仏教の教え、仏教は、存在を因縁で解明する。因縁法ということが、仏教の思想の大きな特徴だとも言われるのですが。その因縁をいろいろな形で考えるのです。唯識ではそれを四縁といって、因縁、所縁縁、等無間縁、増上縁という、四つの縁を四縁と言うのです。

その場合の狭い意味の因縁は、因が縁であると。因それ自身は縁である。それに対し、増上縁というのは、強い意味の外からはたらく縁です。仏教は因縁の道理だと言うのだけれど、この因縁という言葉としては、因があるから縁がはたらくという言葉だけれども、実は、縁がはたらかなければ、因があるとは、分からないわけです。因縁が成就して、因と縁を見出してくる。

生きるということの不思議さは、環境を受け止めながら、生きるという作用を持続する。その持続する時の成り立ちを、人間が主体性だとか何とか言って、自分の思ったように、自分がまわりを動かしていくというように、人間中心に発想するのが、西洋近代の人間観でしょうけれど、仏教は、何千年来、因縁なのだと。因縁は、十二因縁とも言うし、あらゆる因と縁との結びあいがこの現実なのだというふうに説明してくるのです。阿頼耶も阿頼耶縁起と言われるように、因縁法の一つなのです。

本願力もやはり、因縁法として考えれば、本願の縁がはたらいて、因が育てられるというふうにも考えられる。曇鸞大師では、本願力は増上縁だと押さえられるということは、人間が、仏の世界に行きたいと、仏の世界に呼ばれて、仏の世界に生まれることができるということは、阿弥陀如来の増上縁だと。その為に第十八願が誓われ、第十一願が誓われ、第二十二願が誓われている。阿弥陀如来の誓願のはたらきを受けて凡夫がたすかる。だから増上縁と言うのです。

ある意味で良く分かる。他力増上縁という言葉（聖典一九五頁参照）、これを親鸞聖人は、「行巻」に引用されます。他力という言葉も、俗語であったものを曇鸞大師が、仏教の本願力を表す言葉として取り入れて他力増上縁と言われる。ところが、親鸞聖人は、その増上縁というはたらきとして他力を信じていくということだけでは、真実信心が人間に本当に根付くという根拠にするのは、難しいとお考えになったのでしょう。

それは、法蔵菩薩のご苦労というものを、天親菩薩の『浄土論』の五念門と重ねて、自利の行である礼拝・讃嘆・作願・観察と、利他の行である回向門と、この五念門の行を修して自利利他して速やかに、阿耨多羅三藐三菩提を成就するという。この無上菩提を、「五念門の行を修して、自利利他して速やかに阿耨多羅三藐三菩提を成就したまえることを得たまえる」（聖典一四五頁）という行としての五念門行を、本当に成り立たせるということは、この物語として語られる法蔵菩薩のはたらきであって、その法蔵菩薩のはたらきが、一切衆生をして浄土に生まれさせて、成仏させていくという仏の大悲の行を成り立たせるのだと。

そこに、利他の回向門ということが出て来るわけです。その利他の回向門ということが、天親菩薩が書いている限りでは、天親菩薩が五念門行を修するというふうに読めるけれど、法蔵菩薩の物語に照らせば、この自利利他の行すべてが、阿弥陀如来の願心、因位法蔵菩薩の願心を表現するものだというふうにいただいていったのです。

回向というはたらきが、常に如来の側から衆生に向かって大悲のはたらきがはたらき続ける。回向という言葉において、愚かな衆生の上に真実が根付くという。大悲回向ということをおっしゃるわけです。

法然上人の教学は、「選択の教学」ですけれど、親鸞聖人の教学は、「回向の教学」だと言うのですが、その回向ということは、選択と別にあるのではなくて、選択回向という言葉もあるのです。法蔵願心が平等の慈悲から名号を選び取る。他の行を択び捨てて名号を選び取る。その他の行は、衆生の各別の因縁が濃い行である。名号は、阿弥陀如来自身の名を念じて欲しいという誓願ですから、これは平等の願心であり、そこに一番易しい行を選んでいく。そういう平等の願心です。

安田先生は、易行と言うと、どうしてもまだ自力が残ると言われました。易しいと言っても自分が行ずるというものが残る。そうすると、凡夫が行ずるという問題が残るわけです。でも、易行の本当の意味は、如来回向の行ですから、衆生の努力は要らない。まったく衆生が行為することを待たないのです。本来、一如自身がはたらくという意味を持った行なのだと。だから、易しい行と言うけれど、行自身は衆生の力を必要としないという意味なのだと、このようにおっしゃっていました。

それを親鸞聖人は、第十七願、「諸仏称名の願」・「諸仏咨嗟の願」というものを根拠にして、称名讃嘆が起こる。称名讃嘆が起こるということは、「諸仏称名の願」が成就するのだと。

だから、第十七願成就の文が「十方恒沙の諸仏如来、みな共に無量寿仏の威神功徳の不可思議なるを讃嘆したまう」（聖典四四頁）とあり、第十八願成就の文が「あらゆる衆生、その名号を聞きて、信心歓喜せんこと、乃至一念せん。心を至し回向したまえり。かの国に生まれんと願ずれば、すなわち往生を得て不退転に住す」と展開するわけです。

第十七願と第十八願とは一体になっていて、第十七願の成就というのは、十方恒沙の諸仏如来、聞く側は「諸有衆生　聞其名号」、聞くのは衆生、衆生一人ひとりが聞く。衆生一人ひとりが聞くのだけれども、称名は、十方恒沙の諸仏如来がみな共に無量寿仏の威神功徳の不可思議なるを讃嘆したまう。

その対応が、どういう関係になるのかというのが、なかなか文字通りに考えようとしても、考え難い。いただく方は、一人ひとり宿業因縁の衆生がいただくのだけれど、いただくことができる内容は、十方恒沙の諸仏如来の讃嘆である。時間空間を超えて、過去未来現在、三世の諸仏すべてが阿弥陀如来の功徳を讃嘆している。そういう本願の現実に出遇うということが、聞其名号であると、親鸞聖人はいただいていったのではないかと思うのです。

そこには、生命として過去に終わっていっても、本願念仏においては現行している。諸仏が現前している場に呼び出されるというような感覚があるのではないか。そういうことを本当にいただくものが、「聞其名号　信心歓喜」ですから。つまり真実信心には、必ず名号を具す。真実信心をまって、本願は「大行」を破闇満願の行として、衆生の上に具体化するということになる。

曽我先生の言葉も大変言葉としては迫力があるのですけれども、いただこうとすると、何を言っているのか分からないということが多いのですが、宿業因縁の大地に法蔵菩薩が降誕する。法蔵菩薩は、天の菩薩ではない、地の菩薩だと言われる。『法華経』の、地から湧き出る地涌菩薩のように、法蔵菩薩は、地から湧き出る、大地から湧き出る。大地とは、宿業本能の大地、宿業の大地、宿業の大地ということは、一人ひとり苦悩の命を生きている現実に法蔵菩薩がはたらき続けてくる。こういう意味をもって、「南無阿弥陀仏」ということは、法蔵願心が第十七願として、「諸仏称名の願」を興起してくる。そういうことが、一人が信心を得るということにおいて与えられるのであるという展開なのではないかと思うのです。

真実信心と言うけれども、真実信心ということそれ自身は、如来回向のはたらきが、現に衆生の上に響きをもつということを、衆生は、真実信心を獲得するという。「信楽を獲得することは、如来選択の願心より発起す」とおっしゃいますから、我々が得ると言うけれど、これは如来の願心が発起するのだと。如来の願心が発起するということは、凡夫の質は凡夫の心であり、凡夫の宿業因縁というものは、個々にある。そこに法蔵願心のはたらきが受け止められる。だから、場は、宿業本能の大地である。宿業本能の大地に法蔵願心が根をおろすという言葉が、我々一人ひとりの愚かな、本当に相変わらず凡夫でございますという生活を少しも嫌わずに、ここに法蔵願心がはたらき続けて下さるという。その現行が「南無阿弥陀仏」です。「南無阿弥陀仏」は平等の大悲です。個人個人の功績やら、努力をまたない。そういうことが、衆生に広大なる光の世界を与えて来るのだというのが、親鸞聖人が我々に呼びかけている信心の救いであると思うのです。

皆さまの前で、分かり難い内容のお話をさせていただくのも、それは私の因縁で、私の宿業因縁で、私自身の宿業が、こういう形でしか、本願の喜びを表現できないわけです。だから何と言われてもしようがないわけです。直せといわれても、何とかもっと分かり易くしろと幾ら言われても、どうしようもないのです。でも、これを縁として、皆さま一人ひとりが、本願に触れるという縁になっていただきたいと思って、こういうことをお話させていただいているわけです。一人ひとりが、「南無阿弥陀仏」のいわれに触れて、親鸞聖人がおっしゃる広大なる大信心海というものの喜びを、少しなりともくんでいただければ、それが現代に親鸞聖人の教えを復活するということだと思うのです。

今回は、本当にお忙しい中を、ひどい暑い中をお寄りいただいて有り難うございました。

（日時：二〇一三年八月三十一日・九月一日　場所：箱根湯本　ホテル仙景）

# 第三講　回向の欲生心

## 精神生活の世俗化

今回の親鸞講座は、「信巻」三一問答の欲生心を中心にして考えてみたいと思います。親鸞聖人が欲生という問題を、どういうふうにお考えになったのかについて、どうしても我々は、自分で意欲する、浄土という教えがあるなら、浄土を自分の環境になるように要求するという心だろうと思ってしまいます。

如来から「欲生我国」(我が国に生まれんと欲え)という呼びかけ、我が国というのは、如来が呼びかけている国ですから、我々からすれば彼の国です。我々が生きているのは、穢土ですから、穢土から浄土へ往こうとするのが欲生だというふうに考えてしまう。

そしてその意欲が純粋で強くなればなるほど、生まれることができるのだと考えることになってしまいます。それで他力の信心ということと、この欲生心とが矛盾することになってしまうのです。

如来の本願力を信じて、一切を如来に帰託して、こちらからは自力の計らいをもちいないと、教えられているはずなのに、浄土に生まれたいと欲う心にならないと、浄土に生まれられないのかと思うと、他力と自力が、どうなるのかが分からなくなる。

そういうことで、この問題が、教義学的にも信仰の上でも混乱を招いて、解決がつかない。確かに、我が国に生まれんと欲えと、本願が呼びかける国ですから、「ああ、そうですか。生まれたいと思います」と頷かないならば、本願を聞いたことにならないではないかと言われれば、それはそうだということでしょう。それでは、自分たちからしっかりと浄土に生まれたいと思いましょうというふうに教えを聞かなければならないという主張が出てくるのは、当然です。

ところが、本願他力を信ぜよといい、自力の計らいをもちいるなというのですから、おまかせしますというはずなのに、自分から行こうと思わなければならないとなると、自分の中に、生まれたいと思いたいのかどうなのかと、やはり、この娑婆の方がちょっと良いなとなる。浄土に往くのは、ちょっと待って欲しい、と。浄土に生まれたいと思わないではないけれど、今、本当に要求するかと言われると、「ちょっと待って欲しい」と言うように、煩悩具足の衆生としては、この娑婆に執着がある。

こういう凡夫の救いとして、欲生というのはどう考えるのか。こういうわけで、解決のつかない矛盾にぶつかる。

それをどちらかの立場で主張しようとする教義学者が、教義的に争うことになって、江戸時代、封建社会の中で、この二つの主張が欲生心を自分でしっかりと持つべきだという主張、これを「願生づのり」という。願生心というものを持って初めて浄土に生まれるのだということを主張する請求《しょうぐ》派の立場と、そういうことは要らないのだ、信じさえすれば良いのだという信順派の立場とが争う。しかし、どちらもちゃんと経典にも書いてあるし、教えの中にも書いてある。どちらも典拠はある。

　そこに矛盾があるということから、この欲生心の問題は、論じてはいけないというようなことで、この問題を真っ向から考えると、直ぐ異安心の問題になるということで、腫れ物に触るという譬喩がありますけれど、そこは触ってはいけないというふうにして通り過ぎてきたのです。

　でも、この願生づのりの異安心というものが、西本願寺ではいつでも活火山のように、あっちが噴火し、こっちが噴火しということで、収まりが付かなかったのです。

　現在では、その問題はどうなっているのかよく分かりませんけれど、多分現在は幸か不幸か時代全体が世俗化したことも手伝ってか、問題にならないのでしょう。

　過去においてキリスト教の方で、教会が大変な力を持ち、世俗社会を教会が押さえ込むような力を持っていた時代がありました。人間生活のすべてが神の方を向いて営まれるような時代が長い間続いて来たのですけれど、近代に入ってその神の名前のもとに、神の信仰を伝えるという名目を正義にして、世界中を蹂躙してきた。属国を作ってそこを教化していくということで、植民地を作っていくことが神に仕えるものの役割として正義であるという方向で、鉄砲やら、科学的なさまざまな武器やら、薬品やらというようなものをもちいて、全世界をキリスト教化してきた。そういうようなことが近代をずっと貫いてきた。

　資本主義の資本を大きくするという行為が、実のところ激しいのだけれども、表はキリスト教化というような形で、全世界をヨーロッパ発のキリスト教が牛耳っていくというようなことが起こったわけです。

その裏で牙を隠していた資本主義の活動というものが、全世界を支配して来るようになって、この二十一世紀にまで来たところで、いわゆる資本の為に植民地化したところが、みんな、それぞれの国民、それぞれの地域の人たちが、自分たちの主張をし始めた。二十世紀半ば頃から植民地が独立運動を始めて、次々に独立していったのです。けれど、国としては独立するような形になっても、現実には、いわゆる宗主国、植民地を持っていた国が、ほとんどを支配していた。

その支配の仕方というのは、政治的にも、武力的にも、キリスト教という教えで支配する。そういうようなことであったものが、それに虐げられながら、抵抗してきたところが、二〇〇一年九月十一日に、資本主義の中心であるアメリカの貿易センタービルに旅客機を乗っ取って突っ込むということが起こった。

そういう形で象徴的に出てきた問題があるのです。

実は、先進国が支配しているのは、グローバリズム（globalism）という名のもとに、資本の圧力を使って、あらゆる国々に言うことを聞かせるという。その象徴がエネルギー源としての石油だったわけです。

石油利権のほとんどを、イギリスとアメリカに代表される西欧の大きな資本が支配していて、そしてアラブなどの地元の人たちは、貧しいままに放っておかれている。そういうことに対しておかしいではないかということに、気がつき始めた。その石油を生み出す土地の人たちも自分たちの生活が成り立たないから、先進諸国に出稼ぎに行って働いているというのが現実生活なのです。

それで安い給料で使われて、しかし、出稼ぎに出た先進国の国民になることはほとんどできずに、行ったり来たりしながら生活する。先進国は、世界を支配する利権を守っている。そういうことが、行き詰まりになってきて、どうもおかしい。その処置がうまくいかなくなり始めているのが現状ではないかと思うのです。

そういうふうに成ってきた中で、最大の問題は、神が支配していたという、その神の力が、お金に変わって来たものだから、お金の前に言うことを聞かされるというふうになってきた。

そのことが、現象としては、精神生活が、信仰生活の中心がどんどんと世俗的な価値観に置き換わっていったわけです。それを secularization（世俗化）と英語で言います。secular（世俗）とは holy（神聖な）に対します。神に関わった聖なる領域というものが、金の力に置き換わってきたのです。そういうふうに置き換わっていく中で、精神生活がどんどんと世俗的な価値観、世俗ということは、相対有限の中で勝つか負けるかとか、得か損かとか、そういうような価値観の方に大幅に移って来た。ですから、それをヨーロッパなり、アメリカなりでは secularize（世俗化）といって精神生活の危機ということをずうっと言い続けているわけです。けれど、この secularize ということが止められないのです。

日本にあっては、長い間、六世紀ごろから千五百年に渡って仏教というものが、神のような上から来る権威や価値ではないけれども、やはり人間の精神を方向づけ、人間に本来的な存在の意味、平等の意味を与える教えとして、どこかで精神的な支えとなり、精神を洗い直す大きな力をもって信じられて、求められて伝えられて来たわけです。

これは神のように、勝つか負けるかとか、正義か、正義でないかとか、そういうような、人間を縛っていくような強い力ではないのですけれど、人間をどこかで立ち直らせたり、深く反省させたりして、仏教が人間を育てて来たわけですが。これが近代に来たってやはり、secularize と言いますか、この世俗化がものすごい勢いで浸透して来たのです。

ですから、この願生づのりの異義というのが起こらなくなったというのは、つまり世俗化してきたことによって、みんな真っ向から願生しよう、浄土を要求しようなどという方向で生活するとか、その教義を立てるとかいうことに真面目に向き合わない。だから教義的に解決したわけではないけれども、願生づのりの異義が、元気を失ったのだろうと思うのです。

だから、解決したわけではないのだろうと思うのですけれど、問題が本当に強いインパクト(impact)をもって人々を動かさなくなってきたというのが現状だろうと思うのです。

そうして見ると、この世俗化しているということが、人間の危機と言いますか、これから人間はどうなるのだろうか。それがまだ自覚化されて来ていない。あまり危機的な問題だと自覚化されにくいと言いますか。そういう情況ではないかと思うのです。

大谷大学の先生が、宗教学会だったか、仏教の大会だったかが、東北大学で開催された時に、浄土が人々を説得できないという問題を「浄土のリアリティー」という言葉で、講演をなさったということを聞きました。

つまり、リアリティーということは、ありありと力強く何か人間を説得してくるというようなイメージです。

私が、そのリアリティーという言葉で考えさせられたのは、もう二十年にもなりますが、一九九五年のオウム真理教の問題の時に、バーチャルリアリティー（virtual reality）という言葉で、東洋大学でのシンポジウムに出たことがありました。バーチャル（virtual）ということは、近代文明が生みだした情報産業と言いますか、テレビとか、今ではインターネットになってきましたけれど、一九九五年の段階ではまだ、インターネットは、それほど強く人々を縛るほどの力にはなっていなかったのではないかと思いますけれども。テレビというものが、生活を覆っている情況ではあったわけで、その問題と、あのオウム真理教が宗教の名のもとに、青年たちを巻き込んで、そしてサリンという猛毒を造って撒くというところまで行ってしまった。

その問題の根にバーチャル（virtual）なリアリティー、つまり科学的に作り出された情報というか、科学的な操作で作られたリアリティーというものが、人間にとっての本当のリアリティーと混乱するというような問題で、考えさせられたことがありました。

この secular の時代、世俗化の時代に私どもがこうして教えを聞くということが、大変難しいのは、仏教では菩提心ということが言われますけれど、いわゆる聖道門仏教では、普通の日常のこの世の生活をしている過程の中から、菩提心を起こして立ち上がった人が、出家修行して、僧侶となって、お寺を支えていくというふうになることを建前にして長い間やってきた。

どこかで、この世の生活というものが、濁世とか、穢土という言葉で言われるように、人間の命を汚し、人間の心をねじ曲げて、本当の命にさせないようなところがある。それに悩んだり苦しんだりした人間が、そこから脱出してこの世の価値観とか、この世の生き方を支配して、何か人間を引き込んでいく汚れというようなものから、自立したいという強い願いが、出家とか、菩提心に立って修行するということを成り立たせていると考えられて来たわけです。

それに対して浄土教も願生という場合は、一般的には「厭離穢土　欣求浄土」、つまり穢土を厭う、穢土はどれだけ汚いかとか、どれだけ矛盾しているかとか、有限であって無常であるかということを盛んに呼びかけて、そして永遠に滅びることのない真実である世界を要求するように教える。「厭離穢土　欣求浄土」と、穢土を厭うて浄土を願うと。こういうふうに教えられていますから、そういう意味で言えば、セキュラー（secular）の世界をどこかで破って、本当の命に生きようという意欲が、仏教を支えて来たということはあるだろうと思うのです。

それが、現代という時代は説得力を持たなくなった。だから浄土のリアリティーを回復すると言ってみるけれど、浄土を要求する欲求が消え失せて、まあ、完全に消え失せたわけではないけれど、何かこの世俗の関心の圧倒的な力にねじ伏せられていると言えるような情況の中で、どうすれば良いのか。

こういうのが、どうも現状なのではないかなと思うのです。私自身の心の動きの中にも、神のために命を捧げるとか、仏道の為に全生活を投げるとか、そのような言葉は、もうほとんど嘘っぽいと言うか、そういうふうに感じてしまうほど純粋清浄の意欲というものが、もう汚されて、潰されて、芽が出にくくなっている。

そういう中にあって、この欲生という問題をどう考えるのかという問題が問われなくても「まあ、良いではないか」、みたいなのが現状でもあるだろうし、正直なところほとんどそのような情況があるのではないかと思うのです。

だから生きている内は、まあ、良いやと。死んだら生まれるということで、願生の意欲は、思っていようといまいと、この世はいずれ去らなければならないのだから、去っていく時は、浄土に往くと。浄土が消えて無くなったのではないけれど、生きている内は、関心もないし関係もなくて良いというふうにして、ようやく息をついていると、そのような有り様ではないかなと、思うのです。

## 宗教的精神の存続のために

曽我量深先生が、この欲生心という問題に取り組んだ時代、それは曽我先生の五十代頃、大正の終わりから昭和の初めにかけて（一九二五年頃）、日本が急いで近代化していかなければならないということで、ヨーロッパ、アメリカの文明に追いつこうとしていた。

思想的にも、科学的にも、あるいは武力的にも追いつこうとして、努力している中で、アジアを植民地化してくるヨーロッパやアメリカの圧力に対抗して、自分も外に出ていく形でぶつかって勝っていくという時代。そういう明治が終わって、大正年間だけちょっと、いわゆる大正デモクラシーという言葉で言われる安定期のようなイメージがあるのですけれど、実際は、ものすごい努力をしながらヨーロッパやアメリカの圧力に拮抗するための力を作っていった。

そして例の世界恐慌というのが、一九二九（昭和四）年、そういう経済的に大変な行き詰まりが起こったのが、昭和の初めでした。その時代の日本は、国家総掛かりで、税金を使って資本主義を支えて、日本の重厚長大といわれる大企業というのは、ほとんど国営企業のようなものだったわけですから、鉄道はもちろん、電信電話も、国営で日本の国全体を近代化しようとしてきたわけです。

ですから、まだ自動車は自分で作れなかったのですが、ともかく科学工業というものは国がらみでヨーロッパやアメリカに追いつこうとして、努力していた。

その一方、精神的にもヨーロッパの哲学や神学という形で入って来る思想の論理というものに対抗すべく、一五〇〇年来の伝統の中でそれなりに培ってきた仏教の考え方や生活習慣や倫理道徳というものが、向こうの価値観、ヨーロッパ発の倫理観、キリスト教を背景にした価値観、そういうものとぶつかって、ドンドン崩されていくという。そういう時期の危機感の中で、曽我先生なども随分と、ヨーロッパの哲学書などを読んだりしながら、親鸞聖人の教えを発信し直さなければならないという努力をされたのだろうと思うのです。

たまたま、昨日、岩波書店から大阪教育大学教授の岩田文昭さんが出された『近代仏教と青年』という本が届けられました。

今朝、チラッと読んでおりましたのですが、それは近角常観（一八七〇〜一九四一）の求道会館に大量に保存されていた埃まみれの資料を、文部科学省の科学研究費を取りながら、整理してその成果を本にされたのです。

京都大学の哲学科を出られて、大阪の教育大学におられる岩田先生がどういう機縁でそういう関心を持たれたのかは分かりませんけれども、大変長い年月をかけて、ほとんど反古になって、そのままゴミになってもおかしくないような書類を若い研究者に手伝ってもらいながら、読み解いてそれを整理した成果が本になったわけです。

近角常観という方、この方は、一九四一（昭和一六）年に亡くなっていて、東本願寺の彰如上人（句仏上人）の時代の方です。彰如上人（一八七五〜一九四三）は、清沢満之（一八六三〜一九〇三）が東京に出てくる機縁（彰如上人が自分の教育係を頼むと言って書いた手紙が縁になったとされている）に関わる方です。清沢満之とも関わるし、そして白川党宗門改革運動の時には、近角常観氏も一肌脱いでいるのです。近角さんは宗教法案問題の時には東京に居て大活躍されたので、それを彰如上人が認められた。

近角さんは長浜の近在の大谷派のお寺の長男で跡取り息子だったので、真宗大谷派の奨学金をもらって東京大学を卒業しておられるのです。

彼は、近代文明に動いて行ってしまう日本の思想動向にたいして、親鸞聖人の思想を布教しようとされた。庶民レベルの、門徒レベルの教化ということも大事な課題ですけれど、近角常観さんは、東京大学あるいは第一高等学校の学生向けに、将来の日本を動かしていくような人たちに他力の信念を吹き込もうと、そういう方向性で活躍されたのです。今の求道会館の土地（文京区本郷）は明治の初めの頃は、憲兵屯所があった古い建物と、その周りは軍用の馬場であったようで、明治維新政府が使っていた日本陸軍の土地だったそうです。それが、どういうわけか、売りに出たのか分かりませんが、大谷派がそれを近角さんに提供したのです。

彰如上人という方は、新門さんだった立場で、近角さんはその彰如上人から頂いたようです。当時の大谷家には事実そのくらいの力があったわけで、宗門を動かすのは、法主、新門、そういう方が動かせば動くわけで、徳川時代の藩主・殿様みたいな力があったわけです。その彰如上人から土地をもらったと、近角さんは受け止めて、そこで、本郷の東京大学の正門からちょっと北に行って、西に寄ったところ、そこに求道会館を建てているのです。

その当時の近角常観氏がどれだけ大きなはたらきをしたかということが、特に戦後の日本の思想情況の中では、もう名前も忘れられているし、特に大谷派では、話題にもならない人になって、消え失せている。それを岩田先生は、掘り起こして、昭和前半にどれほど大きな影響を与えたかということを証明しておられるのです。

当時の新しい教育の中ではヨーロッパから講師や教授を呼んでいて、北海道大学にはクラーク（William Smith Clark　一八二六～一八八六）先生が、「Boys, be ambitious」という、ああいう教育方針というか、やはり当時来日した教授たちはキリスト教の信念に立って教育していますから、青年がその影響を受けて、キリスト教を信じ、クリスチャンになっていくということが、つまり、日本の指導層が、どんどんそういうふうになっていくということが、一方にあったのです。

その時代に、そのことに近角さんは、危機感を感じて、第一高等学校、東京大学の学生に毎週のように講話をするということで、求道会館を場所として活躍されたのです。

近角さんは、『歎異抄』一つを布教の材料にして頑張ったのです。そういう努力があって確かに大きな影響があったらしいのです。

今は、近角常観さんの孫に当たる近角真一さんという方が、東京大学の建築科を出られて、たまたま建築科を出たものですから、自分の祖父が、そこに作った建物がぼろぼろになって、もう屋根が壊れて雨が吹き込んでいるという状態でした。それを東大の教授にも相談されて、大正期の文化財として復興するということを願い出て、東京都が補助し、宗門も随分と補助をして、求道会館は立派に立ち直ったのです。

それで求道会館はきれいに復興しましたけれど、裏の学生寮（求道学舎）、学生たちが寄宿するような建物があるのですが、裏の求道学舎は鉄筋コンクリート建ての建物でしたけれど、ぼろぼろで、コンクリートがあちこち落ちて、鉄骨が錆びて見えているという状態であったのですが、近角真一さんは、そこを全部マンション化して、そして何十年か、三十年だったか五十年だったか、年限が来たら返すという、そういう約束の下に使ってもらうということで、その直す費用全部を割って売りに出した。それが瞬く間に売り切れて、本郷に住めるということと、東京大学の前ですから、何かステータスがあるのでしょうか。それは持ち物になるのではなくて、何十年間を区切って借りるというシステムです。返す約束で住まうという。法律上どうなるのか分かりませんけれども、ともかくそういう約束でお金が集まって、きれいに立ち直って、近角真一さんは、祖父の願いを果たして、建築家として建物を守ったのです。

ともかくそこに残っていた資料類が大量にあったのを、解明してみると大変大事な面白い問題を持っている。岩田文昭先生は、近角常観氏は、一面で、つまり法主である大谷家を守っていくという、江戸時代まで相続してきた形を倫理的に何か、やはり親を大事にすべきだとか、天皇を大事にすべきだとか、そういう国家体制絡みの古い観念と言いますか、封建社会を支える倫理観と言いますか、そういうものが一面にありながら、近代化してくる思想に対して教団の持ってできた古い思想を何とか近代化しようとしたという、そういう矛盾をはらんでいたという面白い分析をしているのです。

日本の近代の不幸は、ヨーロッパに追随するわけにもいかない、和魂洋才という言葉がありますけれど、魂は日本の方が良いと。けれど才覚、つまり知恵で向こうのものを使うと。そういうことで、明治・大正・昭和という時代を切り抜けてきた、というわけです。

けれど日本の近代は、現実は矛盾を抱えながら、大変苦悩の深い時代であったのだろうと思うのです。ですから、若い青年たちが煩悶する。その煩悶に対して仏教の側から救いの手をさしのべる役割を近角常観氏がしていたから、随分大きな影響があったということを論証しておられます。

その問題は、現代の我々にもまだ継続しているわけで、ヨーロッパは十九世紀の初めぐらいから、ヨーロッパの黄昏というような本が出たりして、そろそろヨーロッパは行き詰まりだというような危機感があった。

それで新大陸へというので、アメリカなどがまだ、これから元気が出るという時代だった。それはどうしてかというと、ヨーロッパは多くの民族がぶつかり合いながら、そして近代はそのエネルギーを外に向けて世界中を自分たちの属国にしていく形で、外に向けたエネルギーで、外から持ってきたさまざまな金銀財宝はもちろんのこと、さまざまな良いものを取り込んでヨーロッパは栄えていたわけです。

それが、十九世紀の初め、北欧の人の絵に、気味の悪い「吼える」という絵（ムンクの『叫び』）があるでしょう。ああいう絵はとにかく不安感の中で叫ばずにはおられないというものを描いているからすごい共感を得たわけです。

あの時代に、やはりジャポニズムと言って、日本の江戸時代の版画とか、ヨーロッパに随分売れたのは、向こうは自分たちの営みが行き詰まっている。それに対して新しい刺激が欲しい。そういう時に、アジアの中ではインド・中国・日本が優れた文化を持っていましたから、そういうことで、インドから仏教の文献やヒンドゥーイズムの文献、それに続いて中国の文献、さらに日本の文化、そういうものをヨーロッパがドンドン吸収したわけです。ともかくヨーロッパ自身が行き詰まっているということ、近代が行き詰まっているというようなことを早くに感じていた。

アメリカはまだ新しいし、そして国が大きいものだから、その行き詰まりをどうも感じていなかった。

姜尚中さんが言われますように、夏目漱石と同じ世代、『プロテスタンティズムの倫理と資本主義の精神』を書いたマックス・ウェーバー（Max Weber）（一八六四～一九二〇）が、ヨーロッパに居た時に、アメリカは理想の国だという情報が入っていたので、アメリカに行ったらすばらしい近代があるだろうと思って、行ってみたら惨憺たる有り様だと。貧富の差といい、そして奴隷制ですから、アフリカから連れてきた黒人たちを奴隷として、奴隷ということは無給で使うわけです。そして人間扱いをしないで、馬や牛と同じような扱いで、人間とは白人であると。黒人は人間ではないというような扱いをしていたわけです。

そういう情況を見て、絶望したらしいのです。でも、資本主義を作っていくものとして、プロテスタンティズムが関係し支えていると感じた。プロテスタンティズムというのは、ヨーロッパを長い間牛耳っていたカトリシズムから独立したプロテスタンティズムが、アメリカを作っていて、そのプロテスタンティズムは克己精励、とにかく働いて、自分が稼いだお金で贅沢をするということを、神の命令に背くことになるということで、できるだけ質素にしてお金を蓄積するという姿勢がアメリカの資本主義を作っていくのだとウェーバーは見たわけです。

だから、資本を蓄積するという姿勢は、プロテスタンティズムの精神なのだと。そういうことが、資本主義の倫理、資本主義を盛んにしていく道徳的動機になっているのだというのが、あのマックス・ウェーバーの名著の柱です。まあ、そういう面がないわけではないのでしょうけれど、それはかなりクリスチャンとしての評価が良い面を評価した見方になるのではないかと思うのです。

現実には、奴隷制と、そして広大な土地を、西部劇にありますように、武力をもって制圧していく。抵抗してくる原住民をインディアンと表していますけれど、あれは北アメリカ大陸をインドだと思ったので、それで居住民をインディアンと言うわけです。アメリカという国が、インドだと、インドについたと間違えて、そこに住んでいる人間をインディアンだと、こう言ったわけです。アメリカのインディアンは別にインド人ではないわけで、もともと長い年月、何万年もかかってアジアから移ってきた人たちの子孫ですから、モンゴリアンなわけです。

蒙古斑があるのだそうです。赤ん坊が生まれると尻に青いあざが出る、あのあざを蒙古斑と言うのです。大きくなるとなくなるのですけれど。アメリカから更にオーストラリアやニュージーランドにいる原住民というのは、みんな有色民族ですから、蒙古斑があるのだそうです。だからもともとは、みんなアジアから動いていったようです。

そういう方々の子孫が先にそこで生活の営みをしていたわけです。新大陸と言うけれど、白人にとっては新大陸だけれど、何万年も前から生活の営みをしてきた人たちが居たわけです。その人たちのことは人とは見ないで、自分たちの邪魔をする悪い奴らだというので殺して追い払って、乗っ取っていったわけです。

そういう形でアメリカ大陸は、白人のものになったわけです。その倫理はキリスト教の神の精神を伝えるのだという正義感というか、それは相手を人と見ない。隣人を愛すると言うけれど、白人しか人と見なかったようです。

今でもそういう差別があるそうですけれど、黄色人種や黒色人種は、一人前の人間ではないという差別観があって、根の深い差別観がずっと、キリスト教の教義と共について世界を支配して来たところがあるのだそうです。

恐ろしいことですけれど、それは日本に住んでいると気がつかないけれども、向こうに行くとひどい目に遭うらしいのです。いろんなことで、ひどい目に遭って気づくらしいのです。

それは、長い年月、そういう価値観の下に持続してきているわけですから、それから抜け出ると言うことは、容易ではないのでしょう。今、それを超え出る営みがいろんな形で試みられつつあるようです。

アメリカではやはり黒人が貧乏だし、貧乏の中で生活手段がないから、結局悪事をはたらくことになるのです。それを白人警察官が取り締まる。警察官は圧倒的に白人らしいのです。その人たちが、やはり武器を持っていますから撃ち殺すという事件が起こって、現在もアメリカでは、そういう事件ですったもんだしています。とにかくそういう情況の中で、白人中心のものの考え方や価値観というものが行き詰まりに来ていると言うことがあるわけです。ですからそろそろ、ヨーロッパだけではない、アメリカも行き詰まりを感じ始めているのです。

日本も、二十一世紀に来てやっと西欧を追いかけているということで良いのだろうかというようなことがいろんな形で言われ始めて、例えば、日本の近代と仏教というものも問い直しが始まっているのだろうと思うのです。

だから仏教は、人間に君臨する絶対的力があるものを信ずるというのでなくて、仏教の発祥以来、人間自身の根本問題を自覚して、人間がそれを乗り越えていくという。この世を生きていながら、この世を超えたような価値を人間の中に発見するという独自の仏教の論理というものを持って人間を導いてきたところがあるわけです。

それが、やはり大きな意味では、世俗化の流れに飲み込まれてしまっているという情況だろうと思うのです。しかし何か世界中が行き詰まりを感じ始めている。気候も、今年の気候などがそうですけれど、自然が牙をむき始めたという表現で言われるような、いまだかつて経験したことがないような気温や豪雨が来ている。そうは言っても、何万年も生きる個人というのは居ませんから、本当は分かりませんけれど、七十年も、八十年も生きた老人が、自分がここに住んで以来このようなことは聞いたこともないと言う。だからせいぜい百年単位くらいのことしか知っていないのですが、三百年前に起こったことは分かっていない。

広島の今度の土砂災害でも、あそこは洪水が起こった履歴があって、古い地形図などにはちゃんとそれが出ているらしいのですけれど、どんな年寄りもそれは知らない。つまり百年以上前のことは分かっていないわけです。

それは、書類で残ったり、文字が残ったりしていてもそうです。人間は何でも分かっている積もりだけれど、百年前のこととなると、ほとんど知らないのです。

数年前に、東京教区の教学館の若い人たちと一緒にインドネシアに行ってびっくりしたのですが、インドネシアのジャワ島、あそこに紀元八、九世紀頃の石で作った仏教遺跡（ボロブドゥール）があるのです。この仏教遺跡はその島にある大きな火山の爆発で、その火山の半分が吹き飛んだほどの大きな爆発だったらしいのですが、その噴火の灰で島全体が埋まってしまい、そこに住んでいた人たちはほとんど亡くなったのだそうです。生き残った人たちは、そこを逃げ出して隣の島へ逃げたと言うのです。

それで三百年くらい経って、またその島に人が戻り始めて、生活し始めた人たちは、そこに仏教遺跡があったことすら知らないのです。そこに近代に入ってヨーロッパ人が来て、どうもここには、仏教遺跡があったという文献が他のところに残っているので掘り起こし調査をしたら出てきたと言うのです、そういうようなことを聞きました。

ポンペイの遺跡なども、火山の爆発で完全に埋もれて二千年間埋まっていたわけです。ただ、伝説的に昔ここに栄えた町があったのだと伝えられている。それを単なる伝説ではない、きっとあったに違いないと掘ってみたら本当に出てきた。

これからも、人間にとってそういうことはあり得るわけです。意外なことに遠い過去のことが忘れられてしまっているのです。現に今動いているものが説得してしまっている。そういうことはどうも世の中にたくさんあるようです。

仏教の歴史についても、文献が随分消えているのです。中国で迫害されたり、国がらみで弾圧されたりして、仏教の文献が焼かれてしまったこともある。日本の場合は、織田信長が比叡山を焼き討ちにして、比叡山の持っていた資料がほとんど燃えてしまったということがあるのですけれど。それでも、日本の場合はかなりいろんなものがまだ残っている。

中国の場合は、本当に文献が残っていないのだそうです。日本に残っている仏教文献の方が多い。日本に残っているものを中国に行ってたずねるとほとんどないというのです。例えば、『浄土論註』なども中国にはないのだそうです。日本にたまたま親鸞聖人が加点を振ったものが残っていて、今まで一冊だけだと思っていたら、最近もう一部出て来たというようなことが言われています。まだ出てくる可能性がないわけではない。紙ですから、紙というのは火事があると燃えてしまいます。

だから、保存されているということは、貴重なことです。紙で保存されると言うことも貴重ですけれども、でも大事なのは、その紙に書いた時の精神があって、記録せずにおられなかった動機というものが、残るかどうかという分かれになるということもあるかも知れません。

## 機の三願と欲生心

話が脱線してしまいましたが、欲生心の問題というのは、親鸞聖人がお考えになった問題として考える時に、「機の三願」と言われる第十八、第十九、第二十願の三願に通じて「至心」と「欲生」という言葉がある。この三願は、それまでの浄土教の歴史の中で、第十九願の意味と第十八願の意味とは、と尋ねられてきていました。

第十八願は、「念仏往生の願」として法然上人が明らかにされ、第十九願は「諸行往生の願」と言って諸々の功徳を修して往生していくという。これは人間の努力に呼びかける願、そこにも欲生が付いている。

そして第十八願は、「至心信楽欲生我国」とある。法然上人は、この願を「選択本願」と名づけられた。この名は三願だけではない、四十八願全部は、「選択本願」だと、こう見られるわけですが、法蔵菩薩の本願が選んだのは、この願に依ると名号ひとつであると。

『選択本願念仏集』の題名が表しているように、念仏を選択したのだと。念仏をする本願、念仏を選択するのが本願だと。その本願が、念仏を選択するのは、衆生が愚かだから、愚かな衆生に教えんが為に念仏ひとつを選択する、選び取ると。その時に、「選」という字は選び取るという意味であり、「択」の字は択び捨てるという意味がある。だから、選びとったのは念仏である。択び捨てたのは諸行であると。

こういうふうに法然上人はおっしゃって、如来の大悲が衆生を救い取る為に選択という選びをした。念仏を選び取り、諸行を択び捨てた。

第十九願は、その択び捨てる諸行をもって浄土に生まれたいと思えと呼びかけている。そこに、第十九願をどう考えるかという問題と、第十八願を信ずるならば念仏ひとつでたすかるのだという問題とがあるわけです。

法然上人以前だと、この二つは矛盾しないのです。他の行を修しながら念仏を信ずるということがあって、念仏ひとつでもたすかるけれども、諸行でもたすかるという。そういうような本願の見方ですから、法然上人がおっしゃるような「選択する」という要素を強く見ないで、本願が衆生にまずは諸行を呼びかけているけれど、念仏も呼びかけていると。念仏を信ずるのは、できの悪い人間として諸行を行ずることもできないし、たとい行じようとしても長続きしないからたすからないからしかたがない、念仏でたすかろうとすると。

こういうようなことで、第十八願を信ずると言っても、自分は愚かででき が悪いから、正論ではたすからないから、横道でたすかろうという、その程度で第十八願を信じるということが伝えられていた。

法然上人は、そういうふうに伝えられていたその教えを、善導大師を熟読することによって、善導大師の教え方は、諸行も勧めてはいるけれど、本心は、「正定業」という言葉に仏の本願によるが故にという、「順彼仏願故」（真聖全一・五三八頁）と言われていると、法然上人は見たのです。

善導大師は、そこで五正行ということを言っています。

読誦・観察・礼拝・称名・讃嘆供養といって、浄土の経典を読誦する。浄土を観察する。阿弥陀如来を礼拝する。称名する。讃嘆供養するという五つの行を五正行であるということを言っています。

諸行と言っても五正行以外の行は、雑行であると。自力のさまざまな行を修して、修諸功徳といってもいろんな行がある。それをいろいろ行ずる。例えば、天台で言えば回峰行をやったり、常行三昧をやったりというような、そういう努力の行というのは、雑行だと。

正行というのは、初めから浄土に向いて浄土の教えを信じて、読誦・観察・礼拝・称名・讃嘆供養を修する行であり、この五つの行が五正行だと。その第四番目の称名のところには、称名は正定業であると。それは「順彼仏願故」と、彼の仏願に順ずるが故に正定業であると。そういうふうに善導大師が書いている。その文を法然上人は、多分熟読されて、そして善導大師の真意は、念仏ひとつにあると読み取ったわけです。

それまでの諸師方による善導大師の読み方では、善導大師の真意が良く分からなかった。つまり、善導大師自身は、『観無量寿経』を解釈して、『観無量寿経』には、隠顕があると。『観経』という経典の仏陀の教え方には、顕わには諸行を説いて、自力の行を勧めている。定散二善と言われるように、努力をして浄土に往こうという心を勧めるように説いている。けれども、隠れた秘密の意図として念仏を勧めているのだと。こういうふうに善導大師は『観無量寿経』を解釈した。

「善導独明仏正意」と親鸞聖人が『正信偈』で言われるけれども、善導大師が『観無量寿経』を、二重性をもった経典だというふうに読み抜かれたのです。

『観無量寿経』を普通に読めば、努力の経典ですから流行っていた。努力する聖道門の考え方、天台であろうと、真言であろうと、そういう他の宗旨と矛盾しないのです。『観無量寿経』で浄土に生まれたいというのは、他の立場で覚りを開こうとしても難しいけれども、浄土の教えでたすかろうということで、『観無量寿経』を読むと、何か自分に近い、これならやれそうだと言うわけで、顕の義でとりつく。その中に念仏も説いてある、諸行の中の念仏として。それを善導大師は、仏の大悲としての本意は、念仏を勧めているのだと。だから、隠の義では、仏名を称する念仏が正定業であると言っているわけです。

法然上人は、『観無量寿経』解釈の隠顕の意が、五正行にも出ていると見られたのです。五正行と言うけれど、他の行は、五正行というのだから、正行なのだけれども、観察とか礼拝とかいうのは、努力の行であり、自力の行であると。けれど、称名は、称名も口を動かすという点では努力の一種かもしれないけれども、易しい行である。易しい行を選ぶということは、誰でもできる。いつでもできる。どこでもできるのだ、と。だから、人間の努力をほとんど必要としないという意味でこの行が一番勝れているのだと法然上人は仰せられる。

そういう行を選びとるのは、仏の願いだからだと、あらゆる衆生を平等に救いたいという願いが仏の本意なのであるから、念仏を選んでいるのである。念仏は易しい。易しいから駄目なのではなくて、易しいことが勝れているのだと。こういうふうに法然上人は読まれたのです。

だからそれが法蔵菩薩の選択であると。法然上人はそういう意味で、それまでの浄土教の善導大師の読み方を、善導大師自身が『観無量寿経』を読んだ読み方に隠顕があると言ったのと同じように、善導大師の教えの中にも秘密があると。それは善導大師自身の本心は、「選択本願」である、念仏ひとつを選ぶところにあるのだと、法然上人は読み取られたのでしょう。

けれども、それでも法然上人のお弟子方は、その話を聞きながら、諸行というのは、何の為に行ずるのだと。法然上人は、選択だから、択び捨てるために説いていて、選び取るということ、初めから念仏が説かれていたのでは、選び取るという意が分からない。念仏が尊いと、これが本当に尊いというのは、選び取られた行だからだと言うことのためには、択び捨てるということが説かれていないと分からないと。そういうふうに読まれた。

けれども、他の行と念仏の両方を行ずる。平行して両方を行じていて、念仏の功徳を他の行が支えるということも考えられる。並列的に両方行ずるということもあるし、支えにするという考え方もあると。

念仏を選び取るために諸行を説くという「廃立」、そして念仏をたすけるために諸行の助業を説くという助正、三つ目には、念仏と諸行を説くのは念仏が正であり諸行は傍らであると言う傍正と。「廃立、助正、傍正」と三つの義を法然上人は言うのです。

『選択集』を読んでみると、法然上人の真意は選択にあるのです。諸行を廃して念仏を立てるという「廃立」に本意があると読むのが、法然上人の真意だろうと思うのですけれど、いろいろな流れがあって、法然上人の門下でも、諸行をどう読むかというのは、割れているのです。

つまり、本当に念仏が尊いということは、諸行をたすけにして初めて分かるのだと。諸行を行じている中で念仏を支える、と。助正というのは、法然上人は、法語の中に「助《すけ》をささぬ念仏」という言い方があるのです。念仏を他の行で支えるという、つまり諸行を行じている中に念仏をする。一般論としては、この世の有限の関わりの中では、そういう価値観がものを言うところがある。それは、本当に尊いと思ってする行為と比較して、一部分ちょっとたすけるような行為にも価値を見るのが、この世の一般論なのでしょう。助正という考え方は、やはり、他の行で支える。念仏ひとつが尊いと言っても、念仏の尊さがよく分からないから、他の行をやって念仏すると尊さが分かるというような考え方がある。

諸行と念仏、第十九願と第十八願とが、並び立つというような考え方、これは聖道門的な考え方と言っても良いわけです。念仏をとるけれども、根性が努力主義であって、念仏も取るというような考えです。

それが、欲生心に絡んだ場合は、自分で浄土へ往こうと思ってその為に努力する。あらゆる努力をして、それを以って浄土に行こうとする。つまり、浄土という場所を要求するのだけれども、その浄土は、今の自分のさまざまな行為、良いと思われる努力の行為の延長上にあるという考え方が抜けないで、念仏もする。

だから厭離穢土という問題について、この土を厭い、この世を厭うて浄土に往きたいというのは、源信僧都の『往生要集』には、願生ということは、厭離穢土だと、「厭離穢土　欣求浄土」だと。つまり、この世を厭うて浄土を願うのだと書いてありますから、真宗学のさる教授が、浄土教は、「厭離穢土　欣求浄土」なのだと、平然と言っていました。つまりそれは願生心というのは、穢土を厭うということから成り立つのだと。穢土を厭うて、浄土を要求すると。こういうのが願生心だという考え方です。

ところが、親鸞聖人はその願生心は、第十九願の欲生心に応えたものだと見られる。つまり三輩段を第十九願成就の文と見られたのです。

この世を厭うて浄土に往くということになると、この世を厭うというのは、厭う心の中に自分の清浄性を信じているわけです。それで自分にとって嫌なことは、避けて、それで浄土の方に向いていこうとする。これは、『観無量寿経』の韋提希《いだいけ》が自分の身の上に起こった事件、息子が亭主を餓死させたという苦悩の事実、このような地獄のようなのは嫌だと。だから浄土に往きたいと、お釈迦さまに泣きついた。あの心なのです。これが浄土教だと、普通は常識のように思っているけれど、親鸞聖人はその要求は実は聖道門的な要求なのだと。浄土教として教えるけれど、それは実は第十九願の心なのだと。

つまり、自力の心がまだ本当に気づかれないで、自分の中で良いところに行きたいと思う。そうすると、自分で善いことをしていこうとするわけです。だから、浄土を要求すると言うけれど、穢土を厭う心を裏に秘めて、浄土を要求するというふうになっている。これは第十九願の欲生心だと。

こういうことで、『愚禿鈔』で、厭離というのは、聖道門だと押さえておられます（聖典四三八頁参照）。親鸞聖人はそういう問題を考え抜かれたのだと思うのです。だからその心の場合は、親鸞聖人は双樹林下往生とおっしゃっています。

つまり、自力の心で浄土に往きたいという問題は、本当は矛盾しているわけですから、自力心を持って生きている人間が、死ぬしかない。だから死に臨んで仏の来迎で浄土に往くという。そういう往生は、双樹林下の往生だと。双樹林下というのは、お釈迦さまが娑羅双樹の下で亡くなったということに由来するのです。

『法事讃』で善導大師が、往生を三つの言葉で繰り返しておられるのです。何故そのように三つずつ書いているのか分からないのですけれど、「南無阿弥陀仏」と書いて、般舟三昧楽　願往生無量楽と詠ってきて、次に「難思議　往生楽」「双樹林下　往生楽」「難思　往生楽」と何回も何回も詠うのです（真聖全一・五六五頁参照）。そして「難思議往生　難思往生　双樹林下往生」と繰り返して書いているのです。

善導大師が、どういう思いでこの三つの往生を書いたのかは分からない。この問題を取り上げた人は親鸞聖人だけなのです。親鸞聖人は、この往生は、往生に三つの段階というか、落差というか、そういうものがあると善導大師が言っているに違いないとご覧になったわけです。それを本願の三願に当てたわけです。

三願の欲生心、普通、欲生心と言うと、同じものだと思うのですが、第十九願の欲生心、第二十願の欲生心、第十八願の欲生心と、同じ言葉（欲生）なのですけれど、それが人間の上に現象する時には、まず発願として出てくる。つまり自分で意欲する、自分で起こす。「至心発願欲生」、そうすると自分の努力で浄土に往きたいと思うということになる。

ですから願生づのりの異義が出てくる時は、大概その理解は第十九願位の欲生心というものが雑じっているのではないかと思うのです。

この欲生心という問題をどう考えるかという問題は、親鸞聖人が一つには、欲生心成就の文という言葉で「信巻」で明らかになさった問題と、至心回向、回向の問題で考えようとなさったということと、それと今の三願に通じて欲生とあるということとをぶつけあわせて少し考えて見ると、何か少し見えてくるのではないかと思って、少しそのことを解明してみたいと思っているのです。

## 欲生心が如来の勅命とは

欲生心ということを親鸞聖人は、「「欲生」と言うは、すなわちこれ如来、諸有の群生を招喚したまうの勅命なり」（聖典二三二頁）と、如来が我々を招喚する勅命であると註釈されています。それは我々から起こす意欲というよりも、人間存在の根源に如来がはたらいて、如来の呼びかけが衆生を動かす。

『無量寿経』の「欲生我国」の言葉、これは浄土に生まれたいと願うということだけれども、願生という意欲の根に欲生心がはたらいていて、如来の「生まれたいと欲え」という呼びかけ、欲生心ということが、衆生を動かして、それで衆生が教えを聞いたりするようになる。

それを私どもが自分で起こす意欲だと感じてしまう場合が、第十九願の欲生心であると。つまり「至心発願　欲生我国」という。発願と言っているこの発願は、自分で願を起こすと感じてしまう。まさに自力の菩提心と言いえます。自力の菩提心の展開として浄土を願うという形になってしまうけれども、実は、それはその根に如来のはたらきとしての欲生がある。欲生と言う言葉は、如来の勅命である。如来の勅命というのは、我々が直接自覚するというよりも、実は深く存在論的に我々を動かしているものを、親鸞聖人は、欲生心として明らかにしようとされた。

それは、人間が自分で起こして、真面目だから起こしたとか、不真面目だから起こさないとか、そういうレベルではない。人間としてこの世に生を受けて生きていれば、人間として生きることの惑いがあります。

業を引くということを言って、業苦、業縁、業繋、業という言葉で与えられた情況の中で人間は行為を起こし、もがき、惑い、苦しむのです。そういう行為は、無明が根にあって起こすなら必ず業を引く。これを惑・業・苦と言われます。

そういう苦悩の命を生きざるを得ない人間に、その苦を超えたいという意欲が起こる。それが初めに起こる場合は、この苦を情況的に逃げ出したいという要求が起こるのを、厭離穢土という。穢土を厭うて浄土に行こうというような欲求として感じられるわけです。そういうレベルは、起こってくる意欲を自分の意欲だと思う。相対有限の情況の中で自分に都合の良い場所を要求するというような意欲として起こってきている。こういう情況を手がかりにして人間は歩み始めるし、仏陀の教えもそれに手がかりを与えるという意味で『観無量寿経』は、第十九願位の教えだと、こういうふうに親鸞聖人は位置づけて、そして自力の努力というものが手がかりになって道を求める。でも、それも実は深く根に如来回向の欲生心が動いているのだと。

つまり、衆生を信頼して如来が「欲生我国」と呼びかけるというふうに理解されたのではなかろうかと思うのです。

欲生という言葉が、三願に貫いているということは、この欲生自身は、如来の勅命として歩んでいる。それを人間が意識した場合は、自分の発願だと感じてしまう。

それから、第二十願位という問題ですが、古い経典では第十八願と第二十願は一体になっていますし、大体、古い経の第十七願と第十八願も一体になっていますから、経典に願が分かれて表現されてくるようになるところに、「選択本願」が、本願自身の展開と言っても良いような、願自身が願をみずから展開してくるような歩みが起こって、それで経典の中に第十七願、第十八願、第十九願、第二十願というふうに分かれてくる。もともとは、何か混沌として名号を聞いてたすかりたいという願いが願として見出されているのです。

『悲華経』という経典を親鸞聖人は、「行巻」に引かれるのですが、『悲華経』という経典だと、願の数は少ないけれども、四十八願の、浄土教の本願のもとになるような願いが語られてあるのです。『悲華経』の第四願が『無量寿経』の第十八願とか第十七願を含んでいるような願なのです。

そういう願自身が願の内容を吟味して分かれてくると言えるように、正依の『無量寿経』などはそこから分かれてきているのです。

ところが、法然上人が「念仏往生の願」というふうに第十八願をいただいた時には、念仏を如来が選択している。それを行ずれば浄土に生まれる、と。念仏して浄土に生まれる願、これが第十八願だというふうに了解された。

その場合に念仏するという根拠は、「乃至十念」にあるわけです。本願文の「設我得仏　十方

衆生　至心信楽　欲生我国　乃至十念　若不生者　不取正覚　唯除五逆　誹謗正法」、「設《たと》い我仏を得たらんに、十方の衆生、心を至し信楽して我が国に生まれんと欲うて、乃至十念せん。もし生まれざれば正覚を取らじと。ただ五逆と誹謗正法とを除く、と。已上」（聖典二一二頁）と、「設い我仏を得たらんに、十方の衆生」と、十方衆生は三度呼びかけるわけですが、「至心信楽欲生我国　乃至十念」と本願文では書いてある。

乃至十念というのは、何であるかということを、乃至十念というのは、下至十声だと善導大師は理解した。つまり、念と言っても称念だと。この念とは何であるかということが、なかなかやっかいなのです。念は憶念と言いますか、自分の心の中で、教えられたことや、経験したことを思い起こす作用、これを念という。だから仏を念ずると言っても、仏という内容について教えられて、そのことをどこかで自分の中に仏というものをある程度体験していないと、仏を念ずるということはできないわけです。何もないものを念ずるわけにいきません。無内容を念ずるわけに行きませんから、仏を念ずるということは、仏とは何であるかということをどこかで体験していないと仏を念ずるということはできないわけです。

だから念というのは、憶念だとこう言われるわけです。そこに浄土教の歴史の求道者の歩みが展開していった。曇鸞大師では、第十八願は、「十念往生の願」だと言われていても、乃至十念の十念というのは、どういうことが十念なのかということは、よく分からない。ただ、天親菩薩が言う讃嘆門という言葉を、「「尽十方無碍光如来」はすなわちこれ讃嘆門なり」（聖典一六八頁）と言われて、尽十方無碍光如来という言葉は讃嘆するという行為なのだと言われる。

尽十方無碍光ということは、アミターバブッダ（amitābha buddha）という言葉を、中国語に訳されたものですけれど、その尽十方無碍光如来という言葉は讃嘆するという行為なのだと。だから、それは天親菩薩が言う五念門に当てれば、礼拝門は「帰命」だと、讃嘆門は「尽十方無碍光如来」だと、こういうふうに曇鸞大師は当てたわけです。

それで讃嘆門が名であると。そこに「称名憶念あれども、無明なお存して所願を満てざるはいかん」（聖典二一三頁）という。名を称え、憶念しても、無明が残るという問いを起こして、それは、名に問題があるのではなくて、それは信の問題であるのだと曇鸞大師が註釈しているのです。

そういうことで、曇鸞大師が本願文の「乃至十念」は、名を念ずることだと受け止めています。称名憶念ということだと受け止めている。だから、称名するということと、憶念するということが重なっているのです。念仏ということは、念の中に憶念称名、名を思い起こしてそれを称えるというふうに曇鸞大師は了解しているわけです。

しかし、浄土教の解釈をされる諸師方には、いろいろな宗派の方がおられて、天台大師とか、浄影寺慧遠とか、そういう方々が註釈する時には、念と言うのは、やはり観察するとか、つまり定に入っての観であると言う。精神を統一して念ずるという。念ずるということの中に、さまざまな諸行というものを入れたいわけです。だから十念ということは、十の念じ方があるのだと。

いろいろな念があるのだというふうにも解釈するわけです。

曇鸞大師の言葉だけからは、称名だけだと書いているわけではありませんから、いろんな解釈がありうる。でも、それを善導大師は、十念というのは、十声《しょう》だと、十声《こえ》だと。こういうふうに善導大師は、了解なさって第十八願の「乃至十念」は、「下至十声」だと。こういうふうに書き換えられたわけです。

五部九巻（『観経四帖疏』四巻、『法事讃』二巻、『観念法門』一巻、『往生礼讃』一巻、『般舟讃』一巻）の中の『往生礼讃』という著作は、往生のことをほめるということで、随分と偈文が説かれているけれども、その偈文の前後に文章がある。その跋文の文章の中に善導大師は、往生の行為ということについて、第十八願を「設我得仏　十方衆生　至心信楽　欲生我国　乃至十念　若不生者　不取正覚　唯除五逆　誹謗正法」というところを「若我成仏十方衆生　称我名号下至十声　若不生者不取正覚　彼仏今現在成仏　当知本誓重願不虚　衆生称念必得往生」（真聖全一・六八三頁）と言って、「至心信楽　欲生我国　乃至十念」とあったところを、「称我名号　下至十声」と表現しているのです。

法蔵菩薩が、「乃至十念」と言っているのを、「我が名号を称えること下十声に至るまで」と、こういうふうに翻訳している。「至心信楽　欲生我国」を減らして、「称我名号」を加えたということで、これを加減の文と一般に言うわけです。

これは、親鸞聖人の教学からすれば、第十七願と第十八願というふうに願が分かれているのを根本本願一つにした。つまり、第十七願と第十八願、名号の願と信心の願と親鸞聖人がご覧になったのを一つにして、「称我名号下至十声」という称名と、そして「若不生者不取正覚」という誓いを信ずる。それで全体を信心の願として、つまり第十八願というものを行信一体の願として善導大師は、『往生礼讃』に書かれているのです。

法然上人は、ご真影を親鸞聖人に付嘱するについて、ご自分のご真影に讃を書く時に、この善導大師の『往生礼讃』の言葉、「若我成仏十方衆生　称我名号下至十声　若不生者不取正覚　彼仏今現在成仏　当知本誓重願不虚　衆生称念必得往生」というこの言葉を書かれたのです。

つまり、法然という人は、このこと一つを生きたのだということを、ご自分で、ご自分の真影に、善導大師のこの讃を書いて下さって、親鸞に渡されたということを、『教行信証』後序に書き止められているのです。

ということは、「選択本願」は、名号を選択した、つまり「念仏往生の願」一つを選択したのだ、それが第十八願だと、乃至十念が称我名号である、と。

それで法然上人は、十念と十声、これを「念声是一」だと。念と声はこれ一であると。こう法然上人は、『選択集』（真聖全一・九四六頁）に書いておられて、善導大師の意図は、下至十声と書いておられるということは、乃至十念は、下至十声だから、念と声とは一つだと。念というのは、「憶念弥陀仏本願　自然即時入必定」と『正信偈』にありますから、親鸞聖人は念と言っても憶念もあると、弥陀仏の本願を憶念するということと、つまり本願を聞思する。聞思して憶念するということ抜きに、発音することが念仏だとは親鸞聖人は言っているわけではない。

だから、「行信一体」ということを言うわけです。名号のところには、名号は名号として独立したということは、第十七願を立てて、これが大行の願だと、親鸞聖人が、明らかにされた。ということとは、名号を信ずるということが、人間に起こらないと、名号が発音されても、それは仏教の行とは言えない。発音されれば良いというものではない。発音なら、それは鳥のさえずりでも、ナンマンダブツと聞こえないことはないわけで、そういうふうに聞こえることはあり得るわけです。

鈴木大拙さんは、面白いことを言って、『教行信証』を翻訳した後で、なんで人間にとってナンマンダブツなのだと。ニワトリならばコケコッコーだと、犬ならワンワンだと。ワンワンでもアメリカ人が聞けば、Bowwow だと。でも、人間はナンマンダブツなのだと。大拙さんの念仏理解というのは、チョット変だなと、その頃は思ったのですけれど、それは発音に重きを置くと、それはワンワンと同じだなどということになりかねないわけです。

「南無阿弥陀仏」は、本願が選択した行だという頷きと共にいただかれて初めて、つまり信が具足して初めて仏教の行になるのです。だから、「信巻」では、親鸞聖人は、「真実の信心は必ず名号を具す。名号は必ずしも願力の信心を具せざるなり」（聖典二三六頁）と。だから名号があるから信心があるとは限らない。信心があれば必ず名号があるのだと。こういうふうに仰せられるわけです。だからそこは信を具さない名号を発音しても、それは仏教の話ではなくなるわけです。

けれど法然上人では、念声是一、つまり称名をするということがもう信じていることなのだという信頼のもとに法然上人は教えておられます。信心のない称名というようなことは考えない。親鸞聖人にとっては、信じた積もりで念仏しても無明が晴れないという、この曇鸞大師の出した問いを、本当に愚かで心の暗い凡夫にとって、念仏しても闇が晴れないという事実があるのではないかという。この悩みは、法然上人は、ほとんど通り抜けておられるわけです。もう、念仏する形で、明るみの中を生きておられる。

けれど、親鸞聖人はそれについていこうとしたけれども、闇が晴れないという問題につまずいた。ですから、法然上人は、第二十願という問題を問題にしません。親鸞聖人は、やはり念仏しても、たすからないという問題が、どうして人間に残るのかという問題を明らかにしなければたすからなかったのだと思うのです。

ですからそこに、第二十願という問題は親鸞教学においては非常に大事な問題になるわけです。法然教学では、第二十願というのは、全然問題にならない。行はもう即信ですから、念仏すればたすかるという。これは正論と言えば、正論なのですけれど、正論では愚かな人間はたすからないというのが親鸞聖人で、それでは凡夫はたすからない。これはどうしてかというところに、念仏がどれだけ尊くとも、念仏を自分の手段にする。念仏を相対的な自分の努力の行にしてしまう。

だから、法然上人の念仏は尊いけれど、私の念仏はまだ駄目だというように、念仏に大小、善悪、貴賤等を加えてしまう。しかし、こういう問題は念仏の問題ではない、人間の問題なのです。そこに行と信を、問題を分けて論じなければならないという必要があると、親鸞聖人は考えられたのです。

名号を信じても自力の心が残るという問題が、実は第二十願にはあると読まれた。そこに第二十願の欲生心という問題がある。それで親鸞聖人は、第十九願と第二十願を、「化身土巻」で扱われるのです。

その化身土であっても、大きくは本願の中にある。本願の中にあって人間が迷っているというふうにご覧になるわけです。だから、欲生心は十方衆生に呼びかけているけれども、それが人間の自覚としてはっきりしてこない情況が化身土を生み出す。

欲生心それ自身は「如来の勅命」であるということは、別の言い方で言うと、我々はたとえ迷って、ほとんど自覚せずに、無自覚的に生きていても、根に本来の生命に帰りたいという課題を抱えている。本来へ帰りたいという深い意欲を根底に懐いている存在であると如来は見て下さっているのだという信頼があるのだろうと思うのです。

大分前に私が、京都に居た頃に読んだ本に、アメリカ人のプロテスタントの牧師さんが書いた本に、「この世を生きることはお祭りである」というような題の本があって、何を書いているのかなと思ったら、さすがに神学者として聖書に立って人間を見るということなのでしょうけれど。どれだけ世俗化していても、どれだけ世俗的に生きていても、神さまの使命の中にあるのだと。

経済活動だけを生きているように見えても、それは実は神の手の中にあるというような文章を読んだことがありました。

これは、ある意味で楽観的な見方だなと思いました。仏教的に言えば、人間がどれだけ迷っていても、覚りの中にあると言うようなことで。何か、本覚思想みたいな考え方だなと思ったのです。まあ、良く言えばあまり良し悪しの判別をしないで、どんな生命を生きていても神の子であると認めるといただけば、大きな心とも見えるけれども、何か、世俗化していても本当は、単なる世俗ではない、神さまの「しもべ」として生きているのだというふうに言うと、随分と傲慢というか、上からの視線だな、と私はそのように感じたのです。

親鸞聖人のおっしゃる欲生心が如来の勅命であるとは、そういう意味ではないと思うのです。それは、如来の悲願は呼びかけ続けている。つまり、法蔵願心は兆載永劫に修行していると言うことは、衆生が聞いてくれないから、無限にはたらき続けるのだと。諦めることはないのだと。けれども、悲しいかな、我々はなかなか自覚しないという見方であって、どんな生活をしていても神のお心の中にあるというふうに見てしまうのとどう違うのかというと、やはり因位の願心を語るということは、本当は、目覚めて欲しい、本当は自覚して欲しいと願うのだけれども、それまでは、じっと辛抱して兆載永劫に苦悩を担って歩み続けますと法蔵願心は歩んでくださるのだと。

これは現象的には、凡夫はまったく自覚できない。でも、そういう因位の苦労の教えは、聞いてみると、「ああ、本当にご苦労していただいていたのだな」と気づかされる。気づかされるまでは、本願がはたらいているなどとは、思いもよらない。だから大悲の眼というのは、どれだけこの世俗的な生活に埋没しているように見えていても、どこかで帰りたいという深い欲求をもって生きているに違いないと信ずる。如来の大悲が信じて下さっているのだと、だからいったん気がついてみると大悲の中にあると。

「念仏衆生　摂取不捨」と『観無量寿経』が言い、善導大師は常に護念の中にある、「常照護念」と、常に大悲は照らしてくださっているのだと。私どもは、忘れてしまっていて気づかないけれども、照らしてくださっているとして、我々は歩ませられているのだと。

だから、歩ませると使役形で表現するけれど、別になにかが、させているのではなくて、私ども自身が本当のあり方にどこかで背いて生きていて、しかしそのことは、自覚的には背いているとも思わないし、迷っているとも思わない。けれども、何か本当の命ではないというようなものをどこかに呼びかけられている。

こういうふうにして欲生心が我々凡夫の生活の中に因位として、因位の見えざる意欲として歩んで下さっている。これを勅命と言う。

勅命というから、ガーンと聞こえる（これこそが自分の行く道だと）と了解してしまうと、第十九願位の欲生心であって、第二十願位の欲生心ということの意味が分からないのです。勅命という言葉は、存在論的な存在の使命感を呼びかけている。つまりこの世に人間として生まれたからには、本当は本願に出遇うべく。そして本願の選びである名号を信ずることをできるようになるまでは、苦悩の命を逃れられないのだと。もちろん、念仏に出遇ったからと言って苦悩の命がなくなるわけではない。なくなるわけではないけれども、苦悩の命があればこそ、この闇を出ていく道を教えられて、それを選び取ることができる。そういう呼びかけとして、本願の呼びかけを勅命と親鸞聖人は仰せられたのではないかと思うのです。

勅命とは無上命法である。無上命法ということは、その呼びかけに目覚めるまでは我々は、妄念の命から一歩も出られずにもがいていくしかない。それに出遇うところに新しい開けが出てくる。こういう意味の勅命です。

だから、勅命とは、親鸞聖人の教学で言えば、回向ということと一つのことなのです。欲生心は回向心だとおっしゃるわけですから、回向心ということは、実は我々の存在論的な根に迷いの命を自覚せよという命法が、人間として生きるという生き方の根に、秘められている。この使命を担うまでは、人間はこの命を本当に成就することができないというのが、仏教の呼びかけだろうと思うのです。

相対的には、この相対有限の命の中に、相対有限的な満足を得て死んでいくというようなことはあり得るけれど、どこかで永遠の命と言いますか、この命は単なる自分個人の命ではない。無始以来の人間が抱えて死んでいった苦悩の命をここに与えられて、この苦悩の命を本当に喜びに転ずる智慧に目覚めるまでは、ちゃんと生きていきなさいということを与えられている人生なのだと。

そういうところに使命と言いますか、勅命ということがあって、その勅命は、如来の回向なのだと。こういうふうに親鸞聖人は教えの言葉をいただいていかれたのではないかと思われます。

## 「乃至一念」と「至心回向」

それで第二十願の問題は、「至心回向の願」と名づけられているのですけれど、その場合の回向は、自力の回向です。自力の心からは、自分で自分の有限な情況の中に与えられたものを無限に振り向けてたすかろうとする。

それを和讃の中に、

如来の回向に帰入して　願作仏心をうるひとは
自力の回向をすてはてて　利益有情はきわもなし
（聖典五〇二頁）

と言う和讃があるのですが、それまでの仏教の回向の使い方は、みんな自力の回向です。自力の回向として『無量寿経』の翻訳も多分なされているのでしょう。

第二十願に「至心回向」ということがあって、そして第十八願成就の文にも「至心回向」という言葉がある。

それに『浄土論』の五念門に回向門ということがある。これが親鸞聖人にとっては、関連しながら分からない課題であったのです。

親鸞聖人の教えというのは、ご自身が随分と思索し、悩みながら解明していかれた因位の歴程というものは書いておられませんから、結果としてこう読めばこの問題が解決する、こういうふうにいただくことによって、このことは解決できるということを書き留めて下さっている。

だから、『教行信証』に現れた限りでは、でき上がった教義学として、完成した凡夫のいただき方として書かれている。でも、何故親鸞聖人はその『教行信証』を始めるについて、「謹んで浄土真宗を案ずるに、二種の回向あり」から始めるのだろうか。二種の回向というのは、曇鸞大師が天親菩薩の『浄土論』を解釈して作った言葉ですから、何故そのような言葉で始めるのだろうというようなことは良く分かりません。

でも親鸞聖人にとっては、本願の教えをいただくについて、曇鸞大師の考え方、そのもとは天親菩薩の『浄土論』の説き方を抜きにしては、いただけなかった課題があったのでしょう。

それは何かというのは、あまり良く分からないのですけれど、『大無量寿経』の中では「回向」という言葉は、第二十願のところと第十八願成就の文のところにしかないのです。

それで七祖の歴史で言えば、やはり天親菩薩が回向を使っている。それからもっと先には『十住毘婆沙論』で龍樹菩薩は回向ということをおっしゃっているのですけれど、龍樹菩薩では、回向はやはり諸行の一つです。懺悔・勧請・随喜・回向ということを言っていて、懺悔する。廻心懺悔の懺悔です。それから、どうか教えを説いて下さいという勧請、それと随喜、随喜というのは、人が喜んでいることに自分もしたがって喜ぶという。「易行品」を通り抜けてから後に「除業品」というのがありまして、そこに懺悔・勧請・随喜・回向と四つの行が説かれています（如諸仏所説　我悔罪勧請　随喜及回向　皆亦復如是）。だから回向という言葉は、菩提心の行として大乗の行として説かれてはいます。

回《めぐ》らし向けるという行、でもそれは一般仏教で自分の功徳を自分で溜め込むのでなくて、功徳を振り向けて役に立たせる。だから、それは菩提に振り向けたり、衆生に振り向けたり、とにかく自分の中に溜め込むのでなくて、自分は無になるといいますか、蓄積した努力を自分の功徳に溜めてしまっては駄目だと。それをより大きな功徳に振り向ける行が回向なのです。

懺悔は自分がどれだけ罪の身であるかということを自覚して、表白する行です。勧請は教えを説いて欲しいと、説いていただく場を作って説いてもらうということをするのが、勧請という行です。

随喜というのは、人が喜んでいることを本当に自分もその人に随って喜んでいくという行、それと並んで回向ということを言われる。

龍樹菩薩がどうしてこの四つを選んだのかということは分かりませんけれど、回向という行は菩薩道の菩薩の行として古くから言われていたのです。

天親菩薩は五念門の中に、礼拝、讃嘆、作願、観察という自利の行に対して、回向というのは利他行だと。利他ということは、衆生を救うために自分の積んだ、礼拝、讃嘆、作願、観察の功徳すべてを回向に込めて、衆生に与えるという。こういう行として天親菩薩の『浄土論』では書かれているわけです。

それで五念門の行を積んで五功徳門になると、近門、大会衆門、宅門、屋門、園林遊戯地門という浄土の門が開けてきて、回向門の果として園林遊戯地門が開ける。自分の積んだ功徳を衆生に振り向けるという行が、浄土から還って来て煩悩の林に遊んで神通を現ずるという生活になるのだという利他行の因果で語られているのです。

そこに曇鸞大師が、回向門を往相の回向と言い、園林遊戯地門には還相の回向という言葉を当てているのです。これを親鸞聖人は、五念門の行の功徳が五功徳門の果になるというのは、単に行者が行ずる自力の行の因果というよりも、法蔵菩薩の願行の因果だというふうに読み換えられたのです。これは親鸞聖人独自の読み方でしょう。

そして往相回向・還相回向という曇鸞大師のお言葉を『教行信証』の初頭に持ってきて、如来の回向に二種ありと。法蔵菩薩の四十八願の本願というものは、回向の本願だというふうにおっしゃって、回向成就の因果というものが衆生に与えられる。それが「南無阿弥陀仏」として与えられるのだとみられた。こんなふうによく考えられるな、というほど大きく構造を改築したわけです。

そういうふうに、回向によって成り立つ浄土真宗ということを、『教行信証』として明らかにされた。そうなってきた時に、第二十願の至心回向と、第十八願成就文にある至心回向、これはどういうことなのかとなったわけです。

このような問題は、法然上人は何もおっしゃっていません。何故、親鸞聖人は、そのようなところに引っかかったのかと思うようなものですけれど。それがどっちから引っかかっていったのかということは分かりませんけれども、第十八願成就の文は「聞其名号　信心歓喜　乃至一念至心回向」とあるのですが、名号を聞いて信受して乃至一念する。それを至心に回向して願生すればと展開している。これを法然上人はそのまま読むだけです。

ところが、親鸞聖人はそれを真ん中で断ち切ったわけです。「乃至一念」で切った。ここで何故切るのか、どうしてかということについて、古来の教義学は弥勒付嘱の文というのを取り上げるのです。

これは『無量寿経』に、「仏、弥勒に語りたまわく、「それ、かの仏の名号を聞くことを得て、歓喜踊躍して乃至一念することあらん。当に知るべし、この人は大利を得とす。すなわちこれ無上の功徳を具足するなり」」（聖典八六頁）と。これは、仏の名号を聞くならば歓喜踊躍して乃至一念することあらん。この一念は一声《いっしょう》、一声《ひとこえ》の念仏とされているのですが、そうすれば大利を得ると、大きな利益を得ると。「すなわちこれ無上の功徳を具足するなり」、仏の名号には、大利、無上の功徳があると。だから、一声称えれば、その仏の名号がその人に、大利を与え、無上功徳を具足させるのだと、こう言っている。この文を親鸞聖人は、「行巻」（聖典一九一頁）に引用されます。

そして「行の一念」というふうにおっしゃるのです。乃至一念ということは、「南無阿弥陀仏」を一声称える、歓喜踊躍して一声称えれば、もうそこに無上功徳を具足すると。こういうふうに名号の功徳を押さえられています。そして乃至一念で、『無量寿経』の文が、そこで切れています。いったん乃至一念で切れて、そうすれば無上功徳を具足するというふうに言うわけです。その後の文章は、乃至一念の内容になるわけです。乃至一念することあらん。そうすればこの人は、その乃至一念ということにおいて大利を得て、無上功徳を具足する。乃至一念の内容が無上功徳ということになるわけです。

これと第十八願成就の文とを照らし合わせて乃至一念で切ったのだと言うのです。そう聞いても私自身もよく分からなかった。何のことを言っているのだろうと思って聞いていたのですけれども、少し分かったので、そのことを次にお話させていただきたいと思います。

（以上　二〇一四年八月三十日講義分）

## 選択易行の至極を顕開す

昨日は、「行の一念」「信の一念」というところを少しお話しました。「行の一念」「信の一念」という言葉も、多分親鸞聖人が自分のいただいた仏法の極意を明らかにする為に、こういう言葉に気づかれ、この言葉で問題を明らかにすることができたのではなかろうかと思います。

昨日指摘しました「行の一念」ということが、『教行信証』「行巻」に出ております。そこに「往相回向の行信」（聖典一九一頁）という言葉が出されてあり、「おおよそ往相回向の行信について、行にすなわち一念あり、また信に一念あり」（同頁）と、一念ということについて、「信の一念」ということを明らかにする為に、それに対応して「行の一念」という言葉を出されています。

多分、親鸞聖人以前では一念と言えば「行の一念」ということになっていて、わざわざ「行の一念」ということは言われてなかったのだろうと思うのです。一念、十念あるいは一念多念ということは、みんな称名念仏ということですから、それにわざわざ「行の一念」という言葉を当てるということは、必要なかったのだろうと思うのです。

ところが、「南無阿弥陀仏」が行だということだけだと、どうもはっきりしない問題が残っているということが、親鸞聖人の課題であって、本願で言えば第十八願が「念仏往生の願」であるという、そこにもう行信が一体になっているということだけだと、その念仏に触れた人たちの中に法然上人のように朝から晩まで念仏し続ける。要するに念仏行者になるということが、形を真似すると言いますか、とにかく発音して朝から晩まで称え続けていることで立派な行者だという。そういうようなとらえ方になっていくと、行の勤め方について人の評価が出て来るというようなことが当然出て来るわけです。

それは、聖道門仏教で修行するについて、修行をどれだけ長時間やるかとか、どれだけ集中してやるかとか、そしてその集中して行じた結果、立派な行者になったとか、そういう人間が行によって上がったり下がったりというようなことが常識であるような発想になる。

自力の行の発想のまま念仏をいただいた場合は、念仏は如来が選んで下さったと聞くけれど、それを行ずるについてどれだけ集中して行じているかとか、行じていて三昧に入ったかどうかとか、人間が行じて、その行じた行の内容が上だとか下だとかいう違いが出て来る。また、行じた人間に行じて利益があったとか、なかったとか、何かそういうような話になる。

せっかく「選択本願」の念仏を信ずると言うけれど、念仏の功徳が平等に行き渡るということが本願の願いであるはずなのに、人によって念仏の利益が変わるというような現実になってしまっている。

そこに親鸞聖人は、これはどこに問題があるかということを考えていかれて、念仏は『大無量寿経』が名号を聞いて歓喜踊躍して乃至一念すると、そこに大利を得る。この大利を得るについて名を聞くということがある。

名を聞けば歓喜踊躍して乃至一念すると。たった一声称えるだけで大利を得ると、無上の功徳を具足すると、こう言っているのですから、念仏それ自身は「万徳の所帰」（真聖全一・九四三頁）だと法然上人がおっしゃるように、すべての功徳がそこに具足する。無上功徳を具足する。それは、誰にあっても、どこにあっても、本願の行として平等であるはずだと。

それでは、平等でないということが起こるのは、どういうことから来るかというと、その行を受け止める人間の側の理解、つまり信の質の問題だと明らかにされたのです。

行信が一体のままだと、どうも行の意味を間違ってとらえて、行の上下評価をしたり、行じた人間の出来不出来を評価したりすることになっていきます。そうすると諸行と同じ質の行になってしまうということから、親鸞聖人は、これをどこで分けるかという時に、本願成就文は第十七願成就文と第十八願成就文とが分かれているということに気付かれたのです。

「十方恒沙の諸仏如来、みな共に無量寿仏の威神功徳の不可思議なることを讃歎したまう」とある、これは明らかに行の成就であると。

「聞其名号　信心歓喜　乃至一念　至心回向　願生彼国　即得往生　住不退転　唯除五逆誹謗正法」、これが信の成就であると。

そうならば、成就文が分かれているということは、因願が分かれているはずであると。

「十方恒沙の諸仏如来、みな共に無量寿仏の威神功徳の不可思議なることを讃歎したまう」ということを誓っているのは、第十七願である。つまり、第十七願が行の願であるということを立てた場合には、第十八願は信の願であるとみれば、「至心信楽欲生我国」という言葉が第十八願にはある。善導大師は、それを外して「称我名号」を入れてしまうけれど、そうすると行信一体になってしまうから、むしろそれを本願自身が二つに分けているということをはっきりさせることによって、行は大行であって、平等である。平等の意味は、諸仏称名である。誰が称えても、どこで称えても、それは称えられる質が諸仏称名という意味を持つと。

十方恒沙の諸仏如来が、みな共に無量寿仏の威神功徳の不可思議なることを讃歎するという願成就の事実に参入していくことであると。こういうふうに行の功徳をいただくことができる。『大無量寿経』によってそう考える時に、それでは凡夫が凡夫であることは、どこで言われているかというと、「諸有衆生　聞其名号　信心歓喜　乃至一念」と、これは、諸有衆生だと。諸有というのは、迷える衆生、諸々の有にある衆生ということは、諸有は三有《さんぬ》とも言うし、二十五有とも言われますけれども、有限の状態が与えられて存在する。ヨーロッパ語には、存在という言葉があって、ドイツ語でSein、フランス語でetreと言われますけれど、英語で言えばbeing、「あるということ」という単語があって、何かあるということそれ自身が純粋なる存在と言いますか、そういう考え方がヨーロッパにはあるのです。

けれども、仏教では有るということは、条件的にある。つまり諸有としてある。それ以外に有るということはない。有るということは、形がある。有限の条件のもとに存在しているということであって、そこから抽象して存在それ自身というようなことは、仏教は言わないのです。

諸有の衆生、つまり衆生は、一人ひとりがそれぞれの宿業因縁というものを受けて、身体を与えられて、身体の形は、一人ひとり違う。犬の形であったり、馬の形であったり、ノミの形であったり、人間の形であったりという違いがある。更に人間であってもそれぞれ一人ひとり同じ形は一つとしてない。諸有ということは、そういう意味で言えば、有限の有であるということは、宿業因縁の有であるということです。

それは別の言葉で言えば迷いの有であるということでもある。その衆生が聞其名号、つまり誰にあっても、どこにあっても平等である行、こういうものを聞其名号として聞く。本願が平等の救いを与えるべくはたらいているということを聞く。そこに信心歓喜が与えられる。そこにも乃至一念がある。

これを親鸞聖人は、「行の一念」ということと分けて、「信の一念」という言葉をお考えになった。

これは、「行にすなわち一念あり、また信に一念あり。行の一念と言うは、いわく称名の遍数」(聖典一九一頁)、称名を何遍称えるかという数について一念という。一念、二念、三念、十念、多念、とにかく沢山の念の一つ、一回の行と。それは「選択易行の至極を顕開す」と。易行を選択する。誰にあっても平等でありうる行として、一番易しい行。易行という意味は、人間の努力が要らないという意味だと。安田先生は易しいといっても人間が行為するというところに努力がついて、努力が難しいか易しいかという相対的な易しさだと、行の意味が本当の意味では明らかにならない。本当は、行は、人間にとって易しいという行為を通して、努力無用という意味を教えるのだとおっしゃいました。

だから、その至極を開く。易行の至極、選択した易行の至極を開くのが一念ということだと。たった一回という意味、一回が至極だと。これが選択易行の至極だと。そこに、昨日も出しましたが、「仏、弥勒に語りたまわく、「それ、かの仏の名号を聞くことを得て、歓喜踊躍して乃至一念することとあらん」」（聖典八六頁）と、ここで切れているわけです。

乃至一念、そして「当に知るべし」から後は、乃至一念ということを受けて、一念とは、どういう意味かと言うと「この人は大利を得とす。すなわちこれ無上の功徳を具足するなり」（同頁）と、つまり一念にて足れりという。一念の中に、もう十分の利益、功徳が具足するという言葉で表されています。これは一念義の立場が依り処にする一番大事な言葉になるわけです。これがあるから、一念で良いのだと言ってしまう。もう利益を得てしまったのだからもう良いと、行の利益を過去形にしてしまう。そうすると、念仏などもう要らないということになって、それから後の生活は自分勝手で良いという勝手な理解が出てきてしまう。だから選択易行の至極に出遇うということの一回という行為は、その一回限りということを言っているのではなくて、一回で十分であることを念々にいただいていくという。

だから念が重なるのは、時の持続に対応する。一念で死んでしまえばそれでお終いで良いのですけれど、生きているということは、時間が持続するわけです。その持続する時間のところに念々に選択易行の至極と出遇っていくということです。

## 信心の願成就と欲生心成就

それについて「信の一念」ありとここで言っている問題が、「信巻」で、「それ真実信楽を案ずるに、信楽に一念あり。「一念」は、これ信楽開発の時剋の極促を顕し、広大難思の慶心を彰すなり」（聖典二三九頁）と言って、そこに、「ここをもって『大経』に言わく、諸有衆生、その名号を聞きて、信心歓喜せんこと、乃至一念せん。至心回向したまえり。かの国に生まれんと願ずれば、すなわち往生を得、不退転に住せん、と」（同頁）と言う。ここではいわゆる本願成就の文の「唯除五逆誹謗正法」を除いたところまでを引用しておられます。そして『如来会』（同頁）を引いておられるのです。

ともかく、本願成就の文（聖典四四頁参照）を引いておられて、そこでは、一念の内容に「至心回向　願生彼国　即得往生　住不退転」までを引用しているということです。昨日も少しお話しておりました欲生心という問題を親鸞聖人は、本願成就の文に対応して、「欲生心成就の文」（聖典二三三頁）という言葉で押さえられます。

欲生という問題については、「「欲生」と言うは、すなわちこれ如来、諸有の群生を招喚したまうの勅命なり」（聖典二三二頁）という言葉から欲生心釈が始まっております。

その欲生心ということを、欲生心は、利他真実の欲生心であって、回向心であると言われてから、「ここをもって本願の欲生心成就の文」という言葉を出されます。

欲生心成就の文という言葉がどういう意味なのかということが、私が聞いていた真宗学の講義の中では、私が聞き損なっていたのかも知れませんけれども、キチンと教えていただいた記憶がないのです。分かったような、分からないようなところで済んでいってしまう。

ところが、「欲生心成就の文」ということを親鸞聖人は、「至心回向」から後を引用しておられるのです。「至心回向したまえり。かの国に生まれんと願ずれば、すなわち往生を得、不退転に住せんと。唯五逆と誹謗正法とを除く、と。已上」（聖典二三三頁）と。

本願成就の文の至心回向以下を引用しておられる。しかもその至心回向について、「至心回向したまえり」と読んでいるのです。

これが私にとって、どういうことなのかなという思いがありました。本願成就の文の時は、「諸有衆生　聞其名号　信心歓喜　乃至一念　至心回向　願生彼国　即得往生」（聖典二三九頁）と、そのまま続いて引用されていました。

ところが、信楽釈（聖典二二七～二二八頁参照）のところで、信楽ということを成り立たせる成就ということで、「本願信心の願成就の文」と言って、信心の願が成就するということはどういうことかと言えば、「諸有の衆生、その名号を聞きて信心歓喜せんこと、乃至一念せん、と。已上」（聖典二二八頁）と。つまり信楽を成り立たせる経典の言葉というのは、「聞其名号　信心歓喜　乃至一念」と。ここで信心の願成就ということを押さえているわけです。

それから後（至心回向以下）は、どういうことかと言うと「欲生心成就」であると、こう押さえているのです。

この「信心の願成就」と「欲生心成就」とは、どういう関係で繋がるのかということが、よく分からない。しかも至心回向に、「至心回向したまえり」とありますから、そうすると、諸有衆生から始まる文章ですから、乃至一念せんまでは、衆生が信心を得たという事実があって、そこに本願が成就したという事実があると。

凡夫の上に本願が成就したということは、信心を得たということだと。それは、乃至一念せん。これは「信の一念」だと。こういうふうに言えるわけです。だから、「行の一念」から「信の一念」を開くということは、「行の一念」でもう「名号を聞きて信心歓喜せんこと、乃至一念せん」という弥勒付嘱の文では、そういう切り方をしている。

それと合わせて、本願成就の方は「聞其名号　信心歓喜　乃至一念」と、ここで切っている。そしてその後、至心回向は、ここを法然上人は、「至心に回向して」と読むのです。そうすると、衆生が信心歓喜した後、至心に回向するということになる。

親鸞聖人は、この至心回向ということは、誰がするのかといって、衆生が名号を誰かに回向するのか。そういうふうに読むならば、第二十願成就になる。「至心回向の願」の成就になると。そうすると第十八願成就の後半部分は、第二十願成就ということになりはしないか。

でも、この至心回向の後に、「願生彼国　即得往生　住不退転　唯除五逆誹謗正法」と付いていて、これは第十八願に付いている「唯除の文」です。だから第二十願成就のはずがない。

そうすると、この至心回向というのは、どういうことなのか。第二十願の立場は衆生が至心回向するという考えです。それに対して第十八願に「至心回向」が開かれるということは、どういうことか。「至心」については、善導大師の至誠心釈を通して、至心とは真実であると、三一問答の初めの至心釈のところで、徹底して至心は真実であって、衆生は不実であるということを押さえられています。

「問う。如来の本願、すでに至心・信楽・欲生の誓いを発したまえり。何をもってのゆえに論主「一心」と言うや」（聖典二二三頁）と、三一問答を始められて、続いて「私に三心の字訓を闚うに、三はすなわち一なるべし」（聖典二二三頁）と。それから字訓釈に入り、「今三心の字訓を案ずるに、真実の心にして虚仮雑わることなし、正直の心にして邪偽雑わることなし。真に知りぬ、疑蓋間雑なきがゆえに、これを「信楽」と名づく。「信楽」はすなわちこれ一心なり。一心はすなわちこれ真実信心なり。このゆえに論主建《はじ》めに「一心」と言えるなり、と。知るべし」（聖典二二四頁）と字訓釈を結んでいます。

そして「愚悪の衆生のために、阿弥陀如来すでに三心を発したまえり」ということを示された後に、「仏意測り難し」(聖典二二五頁)ということがあります。

そして、仏意釈に入っていきます。この段を仏意釈と名づけています。字訓釈に対して、仏の意を釈する文(仏意釈)に入るや、仏意は測り難い、「しかりといえども竊かにこの心を推するに」(同頁)と言うことで、始まっている段に、「一切の群生海、無始よりこのかた乃至今日今時に至るまで、穢悪汚染にして、清浄の心なし。虚仮諂偽にして真実の心なし。ここをもって如来、一切苦悩の衆生海を悲憫して、不可思議兆載永劫において、菩薩の行を行じたまいし時、三業の所修、一念・一刹那も清浄ならざることなし、真心ならざることなし」(同頁)と、こう言って、至心はどこまでも真実心であり、如来の至心である。つまり兆載永劫の修行ということは、法蔵菩薩の修行であり法蔵菩薩の至心であると言われるのです。

「円融無碍・不可思議・不可称・不可説の至徳を成就したまえり。如来の至心をもって、諸有の」(同頁)と、諸有のということは諸有衆生の諸有です。「諸有の一切煩悩・悪業・邪智の群生海に回施したまえり」(同頁)と、諸有の衆生は煩悩・悪業・邪智であると。

徹底的に迷いの衆生は、愚かであり、悪であり、邪智であるとまで言っているわけです。そこに「利他の真心を彰す」と。

だから至心という心は、如来の心だという押さえを至心釈でされましたから、至心回向とある言葉は、衆生が至心になるということになれば矛盾するわけです。

「至心信楽　欲生我国」の因願は、如来の願心である。如来願心の至心である。成就の文にある至心も、これが衆生の至心であるはずがない。

親鸞聖人が、諸有衆生の位は、どこまでも凡夫である。凡夫である位と、如来の位とは位が違うということをハッキリと言われるのです。

それで第十七願は「諸仏称名」ですから第十七願は諸仏の位です。これは、我々凡夫が念仏して諸仏になるという話ではない。諸仏称名というのは、念仏が称えられてある事実を、本願が、諸仏称名という事実だというふうに言って下さっているのです。

それを存覚師は、所行というのです。行ぜられている名号の事実は、諸仏称名である。それを曽我先生も取られて、行はどこまでも所行である。能行する主体ということを言わない。所行である、称えられるのですと。どこにあっても、誰にあっても、称えられるのであって、称える凡夫の位とか、態度とか、そういうことが関わる行ではない。念仏という行には、称える行者の努力意識とか、意識集中があるかないかとかということを入れてしまうと、本願の行ではなくて、衆生の行為になるわけです。

衆生の行為としての念仏ということになると、先ほど言ったように諸行と同じ質の行ということになる。一番良い行だと本願が言っているから称えてみるけれども、称える時の行の心構えは自分がやるのだということになる。それでは大行にならないで、衆生の小行になってしまうわけです。凡夫がやって大行だと言ったら、法華の行者が大きな声で称えながら太鼓を叩くのと同じことになるわけです。大きくやってこそ大行だということになってしまう。そういう質のものではない。

無限なる大悲が選択した行、これは人間の大小とか、善悪とかを問わない。だから誰にあっても、どこにあってても平等であるということは、如来の行だからです。一如の行だからです。

こういう質をハッキリさせるために第十七願を立てて、行自身は大行である。本願力回向の大行であると、親鸞聖人はあきらかにされて、その大行にたまわる信、つまり名号の功徳に出遇うということは信心が出遇うのだと。信心が出遇わない場合、名号は衆生の利益にならないのです。

信心ということは、「聞其名号」ですから、名号の意味を聞く。その「聞」と言うは、衆生、仏願の生起・本末を聞きて疑心あることなし」（聖典二四〇頁）と「信巻」で押さえられますから、疑いがなくなるまで本願を聞き届ける。聞くことができたところに信心が成り立つとおっしゃるのです。

聞のない信ということはあり得ない。発音したから、発音を聞いたから信に出遇うというものではない。本願を聞く、本願の意味に頷く。そこまで聞くということにおいて、信心が衆生の上に成り立つのです。その成り立った信は、「聞其名号　信心歓喜　乃至一念」と、乃至一念という意味がある。

この一念については「信の一念」（聖典二三九頁）の釈のところには、「それ真実信楽を案ずるに、信楽に一念あり。「一念」は、これ信楽開発の時剋の極促を顕し、広大難思の慶心を彰すなり」と。

「行の一念」（聖典一九一頁）には「おおよそ往相回向の行信について、行にすなわち一念あり、また信に一念あり。行の一念と言うは、いわく称名の遍数について、選択易行の至極を顕開す」と言っておられる。

「行の一念」という選択易行の至極のところに、信楽開発するという時剋、時が絡むわけです。行は回数の問題で、信は、それを信ずるということは、時の成就、成就するまで聞きとどけて聞けたというのは、時の中に一つの出来事が起こる。それは「信楽開発の時剋の極促」（聖典二三九頁）である。それが「信の一念」という意味だと言われます。

これは、別の言葉で言えば、「万劫の初事」という言葉を曽我先生がおっしゃいましたけれど、無限なる時間の中に初めて起こった時が、今だと。今、本願に触れるという事実は、今までの時とは質の違う時を今ここにいただいたという意味を持つ。無限なる本願の大悲が、念仏を選んで衆生に呼びかけて下さっている。

「ああ、勅命であったのだ」と気づく。その出遇った時というのは、それ以外の行為の選びが続いて来た時とは、質を異にする。無限と出遇う時と言いますか。大悲とぶつかる時と言いますか。そういう時は、信楽開発の時剋の極促であるのだと。

だから「聞其名号　信心歓喜　乃至一念」という、この一念、「信の一念」ということは、ある意味でそれまでの時とは違う時をいただいた。これを親鸞聖人は、「信巻」では、「横截五悪趣、悪趣自然閉」（聖典五七頁。二四三頁参照）と言う。あの横截という言葉で、横超断四流と善導大師が言うそれまでの迷いの四流、生老病死の流れを断ち切るような意味がある。横超断四流という意味が、「信の一念」にあるということを明らかにされるわけです。

我々は凡夫だから、迷っているのだから、念仏しても今は本当の利益はもらえない、死んだらもらえるのだという解釈にしてしまうけれど、親鸞聖人は、それは本願の信心に出遇っていないからだと言うのです。本願成就の信ということは、凡夫を破るような本願の力が凡夫に来るということだと。迷いの時間の中に本願の時がここに発起する。これを「信の一念」というのだと。こういうふうに丁寧におっしゃるわけです。

それで、そういうふうに読む時に、至心回向以下が欲生心成就だということは、「至心回向したまえり」これは如来の回向である。我々から回向するのではない。この至心回向ということは、如来の回向であるということは、昨日も少しお話していたように、法蔵菩薩の行というものを善導大師が至誠心釈の中に、書いておられる。それによって、至心とは真実心である。それについて思い出すのは、曇鸞大師の解釈に、真実功徳と不実功徳があるということです。

## 真実功徳と不実功徳

真実功徳というのは、如来や菩薩の功徳であると。人天、凡夫、衆生の功徳は、不実功徳なのだと（聖典一七〇頁参照）。そういうことを『論註』で言っていて、このことを親鸞聖人は「行巻」の名号は真実功徳だということを表すところに引用しておられます。

徹底的に、衆生が求めるものは不実功徳である、と。つまりこの世の中で我々が価値としているものは、不実という質を持つのだということが仏教の眼から言われているわけです。

我々は、この世にある功徳を不実だとは思わないで執着して追い求めている。この世にある功徳、それは形あるものであったり、形のないものであったりするけれど、ともかくこの世にあるものに夢を託して求め続けようとする。それを仏陀は人間の妄念の深さが倦くことなくこの世の功徳を求めて、その中に無上功徳もあると思うけれども、本当はこの世の功徳は、無上ではない。

「「真実功徳相」は、二種の功徳あり。一つには、有漏の心より生じて法性に順ぜず。いわゆる凡夫人天の諸善・人天の果報、もしは因・もしは果、みなこれ顛倒す、みなこれ虚偽なり。このゆえに不実の功徳と名づく。二つには、菩薩の智慧・清浄の業より起こりて仏事を荘厳す。法性に依って清浄の相に入れり。この法顛倒せず、虚偽ならず、真実の功徳相と名づく」（聖典一七〇頁）と教えられています。このことが真実功徳なのだという眼が開けないと、無上功徳に出遇えない。

だから無上功徳と言われても、我々は、解釈し直して有上功徳の方に入れて考えているわけです。念仏は無上功徳です。だからそれは一如真実の功徳なのです。一如とか、法性という言葉は、この世の相対的な形を破った功徳です。こういうものは、我々からはつかまえられない。

つまり我々が分かるのは形あるもの、あるいは相対的な意味のあるもの、比較することができるものを考えるけれど、比較を絶したものは、我々は考えられない。無上功徳と言うけれど、無上というのは、有上の一番上か、というふうに考えるわけです。無上とは上がないのだから比較できないということなのです。比較できない功徳というのは、我々は分からないのです。だからそれを別の言葉で、平等と言うわけです。平等の功徳、増えもせず、減りもせず、なくなりもせず、生まれても来ない。そういうものは、我々には分からないのです。どうすれば良いのか。まったく分からない。

「南無阿弥陀仏」とは、その無上功徳（無為法とか無上涅槃）を衆生に教えんがための方便の形なのだと。直接我々は、無上功徳に触れ、一如法性を覚れ、と言われても何のことだか分からない。

そういうところに、念仏は、無上功徳を具している。あるいは無上功徳を教えんがための法である。真如法性を教えんがための行である。それに触れるところに、触れた心が真実功徳に触れうる。だから、触れるこちら側は、触れるまでは不実功徳であるが、その触れた一瞬に光に遇う。けれども、たちまち忘れる。また、不実功徳の中でもがいているのです。

ここに念々に無上功徳に値遇していく生活がないと、我々は、一回称えたら良いと幾ら言われても、一回称えて、次の瞬間には、また妄念に戻っているわけです。

戻っていることを認めないで、もう功徳をもらったのだからと言って、妄念の生活をそのまま肯定するということになると、無限なるものとの出遇いを忘れての生活は、宗教生活ではなくなるということです。

それを清沢先生は、他力の救済を念ずる時と、他力の救済を忘るる時とおっしゃったわけです。「我、他力の救済を念ずるときは、我が処するところに光明照し、我、他力の救済を忘るるときは、我が処するところに黒闇覆ふ」と。だから念々に出遇っていくしかないのです。

これを一遍出遇ったら、無上功徳をもらったのだからと考えるのは、何か無上功徳という量的なものを持ったような気分になって、次の瞬間にもずっと続いていくというふうに考えてしまう。それは妄念にすぎないのです。

## 至心回向以下は「乃至一念」の内実

それで、本願成就文（第十八願成就文）を、至心回向で切って、「至心回向したまえり」というのは、如来のはたらきだと読まれた。そして彼の国に生まれると願ずるのは誰かというと、やはり衆生だと。

そうすると、すなわち往生を得るということは、願じて得るということはどうなるのだろうという問題が出るわけです。

それで無理矢理、現生で往生を得たと言うのだという解釈をしてみると、往生を得たと言うことは浄土に生まれたと言うことだけれど、穢土にいるではないかというような話になって何が何やら分からなくなって、混乱してしまう。

それでは、至心回向以下が欲生心成就だということは、どういう意味か。

それは如来の欲生心が衆生に呼びかける勅命が、信心の願成就ということで、乃至一念に成り立つと。そして欲生心成就という段に入っているわけですから。この関係と先ほどの「行の一念」の「仏、弥勒に語りたまわく、「それ、かの仏の名号を聞くことを得て、歓喜踊躍して乃至一念せんことあらん。当に知るべし、この人は大利を得とす。すなわちこれ無上の功徳を具足するなり」と。已上」（聖典一九一頁）の「乃至一念せんことあらん」と、その後のこととの関わりで考えると、乃至一念という「行の一念」についてその後の文章というのは、乃至一念の持っている功徳を語っているわけです。大利を得て、無上功徳を具足するというのは、乃至一念という、「行の一念」の内面を語るわけでしょう。

それと同じように、信心の願成就（諸有衆生、その名号を聞きて、信心歓喜せんこと、乃至一念せん。至心回向したまえり。かの国に生まれんと願ずれば、すなわち往生を得、不退転に住せんと、と。）、そこに「信心歓喜せんこと、乃至一念せん」という事実が時を截《た》って起こる。そうしたら、至心回向以下は何を語るかと言ったら、むしろ「乃至一念」の内実を語ると。こういうのが、親鸞聖人の読み方なのではないかと思うのです。

願生彼国以下がまた衆生の体験問題なのではなくて、至心回向という事実において、「かの国に生まれんと願ずれば、すなわち往生を得、不退転に住」するという事実が衆生に与えられると。

こう読むことにおいて、信心を得れば正定聚に住するという親鸞聖人の解釈は、本願欲生心成就の文を背景に読むことにおいて、正当な理解が成り立つわけです。

正定聚というのは、基本は浄土の利益ですから、現生で正定聚と読むのは無理なものだから、その正定聚の意味は、浄土に生まれるということを現生に定めるという意味だと、無理に解釈しているのです。正定聚は浄土の利益なのに、現生に利益を得るということは、どういうことか分からないものだから、浄土に生まれることを約束されるのが正定聚だなどと解釈するわけです。

正定聚は不退転だと言っているし、彼の国に生まるれば、往生を得て不退転に住すると書いているのだから、不退転に住するのを、きっと浄土に生まれて不退転に住することを今決めるという不退転だというような解釈というのは、文章をねじ曲げているとしか思えない。親鸞聖人は明らかに浄土に生まれて不退転に住するということを、現生の利益にいただくのだと言うのです。では、体験的に我々が今浄土に生まれたのかという話で読むと、親鸞聖人は決して今生まれたとは言わない。

それで、十一願成就の文について、「生彼国者、皆悉住於正定之聚」と言う。彼の国に生まるれば正定聚に住するという言葉を、『一念多念文意』で「かくのごとく法蔵菩薩ちかいたまえるを、釈迦如来、五濁のわれらがためにときたまえる文のこころは、「それ衆生あって、かのくににうまれんとするものは、みなことごとく正定の聚に住す。ゆえはいかんとなれば、かの仏国のうちには、もろもろの邪聚および不定聚は、なければなり」とのたまえり」（聖典五三六頁）とあって、「かのくににうまれんとするものは」と読まれています。「証巻」では、「願成就の文、『経』に言わく、それ衆生ありて、かの国に生まるれば、みなことごとく正定の聚に住す。所以は何ん。かの仏国の中にはもろもろの邪聚および不定聚なければなり、と」（聖典二八一頁）と言って、「それ衆生ありて、かの国に生まるれば、」と読んでいます。

これを『一念多念文意』では、「かのくににうまれんとするものは、みなことごとく正定の聚に住す」と、解いておられる。

「生彼国者　皆悉住於正定之聚」という経文を、「証巻」では、「かの国に生まるれば、みなことごとく正定の聚に住す」と、そのまま読んでいます。だから、彼の国に生まれたのであるから、正定聚に住する。つまり、浄土の衆生はみんな正定聚だということを言っているわけです。「かのくににうまれんとするもの」とは、願生の位、今生の位だから、今生の位に正定聚に住すると読むのは、どう見ても無理があるわけです。でも、あえてそう読むのは、どうして可能かというと、この至心回向というはたらきにおいて、「願生彼国　即得往生　住不退転」ということが成り立つのだと。親鸞聖人は、欲生心成就という言葉に託して理解されたのです。本願成就ということは、これが「信巻」の初めにありました、「欣浄厭穢の妙術」（聖典二一一頁）という言葉と関係するわけですけれど、厭・欣、この世を厭うて彼の土に往きたいという願いは、自力の願いで、自分はまだきれいだけれど、環境が悪い。だから、嫌だから良いところに行きたいと思う。その場合は、自分自身というものは、善人であると思っていますから、環境は悪い。このような環境は嫌だとなる。「厭離穢土　欣求浄土」、浄土に往きたい。浄土で自分を救って欲しいという要求です。

これは聖道門の要求だというふうに読まれる。欣浄厭穢、浄土を願い穢土を厭うということが、自力に起こって来る宗教心です。あるいは欲生心を自力的に理解してしまった状態の立場というものは、我々には、自分で自覚することはできない。

けれどもどこかで矛盾した心、つまり汚い命を汚い心で生きているのだけれども、それだけでは本当に満たされることがない。何か本当の生活が欲しい。本当の関係が欲しいという欲求がある。これはどこかで矛盾しているわけですけれど、止められない欲求でしょう。そういうものが宗教的欲求として動き出すわけです。

そういう欲求は仏教からすれば、衆生の本来性として、衆生が覚ろうが覚るまいが、根に一如を持っているのだという呼びかけをするわけです。どれだけ反逆的に生きていても仏の子であると、大乗仏教はこう呼びかける。

だから、可能性があるかないかではなくて、存在として本来反逆的にしか生きられないのだけれども、どこかで本来性を願わずにおられないという課題をいただいて、人間は生きている。それが現象としていろいろな迷いになるのです。

安田先生は、政治運動のデモ行進すら、あれが実は浄土を要求しているのだというふうにおっしゃっていました。本人たちが求めるものは浄土だとは思っていない。現実の政治が悪いからもうちょっと良い政治にしろと思ってやっているのだけれども、でも、その根には、どこか本当のものを要求している。

だから、人間の歴史というのは、そういう本来性を要求し続けて、現実の中に埋没して、作っては壊れ、作っては壊れてきた歴史なのです。求めては破られ、求めては破られてきた歴史、それを本来に帰れという呼びかけとして自覚して立ち上がる、それが浄土の教えなのです。

願生というのは、個人が自分で願う意欲よりも深く如来が衆生に呼びかけている願いが立ち上がる。その眼で読むと、「至心回向したまえり」と、如来の至心回向のはたらきにおいて、願生ということを自覚すれば、すなわち往生を得る。それはもう本願の中に生まれる。本願の中に生まれるということは、不退転に住するという利益をいただくということだというのです。

浄土として教えている本願の世界、彼の土として教えた本願の世界を、本願成就として衆生の上に呼びかけて、本願成就の一念に「行の一念」、「信の一念」をたまわるなら、無上功徳に値遇する。無上功徳に値遇すると言うことは、浄土に値遇すると言っても良いわけです。

浄土は涅槃の象徴で、涅槃に値遇するということですから、どこかに行くという意味ではない。だから、信心を得るということが、「欣浄厭穢の妙術」と。つまりどこかに行きたいという形で起こる宗教現象の本当の答えは、真実の信心なのだと。信心を得て、それからどこかへ行ってたすかるという話ではない。「信の一念」に本願成就が成り立つ。それが欲生心成就でもあるのです。

欲生心成就ということは、如来の欲生心、如来が呼びかけている。衆生が限りなく迷い続ける、その迷いの中に、目覚めよと呼びかける欲生心のはたらきがある。その目覚めよとの呼びかけに出遇うということは、出遇ってからどうにかなるのではない、出遇うということの中に、「信心歓喜せんこと、乃至一念せん」という事実が与えられるのが信楽開発の時剋の極促だと言うのです。

## 横超の本願力により生死の迷いを超えよ

親鸞聖人は、そのことを願成就の一念の内容として、聖典二四三頁から「横超断四流釈」と言うことを通して、「横超」、つまり横ざまに超えると。本願力のはたらきによって超えるという意味を「横超」と言う。自分から超えると思うから、今はまだ駄目だから死んでからだと考えてしまうけれど、こちらは凡夫のままに如来の本願力によって「横超」というはたらきが来るということを、竪に超えることに対して、横に超えるということで表されます。

「「横超」は、すなわち願成就一実円満の真教、真宗これなり」（聖典二四三頁）と。真宗と言うのは、本願成就の円満の教えなのだと。これから人間がどこかへ行って円満するのではない。凡夫の苦悩のままに、愚かな罪業の事実のところに、横超の本願力に出遇う。

でも我々は、横超というのは分からないのです。我々は竪に超えることしか超えることを考えられません。竪に超えるということは、今の状態でなくなって違うものになることと考える。横超ということは、凡夫が少しも今の状態と変わらない、凡夫のままで如来と出遇う。如来のはたらきに値遇する。

そのことの持つ意味を「一念須臾の傾に速やかに疾く無上正真道を超証す」（同頁）とまでおっしゃるのです。一念須臾、この一念も時です、須臾も時です。時の至極、時の中に時を破るほど短い時、速やかに疾く無上菩提を得る。無上菩提を得る位は、仏の位ですから、凡夫の位とは位が違うのですけれど、本願成就を信ずるということは、本願が無上の功徳、大利無上の功徳、つまり大涅槃の功徳を衆生に与えたいと向こうからはたらいてくる。そのはたらきに愚かなままに出遇う。そこを成り立たせる言葉が「南無阿弥陀仏」なのです。

「南無阿弥陀仏」は、如来の本願の側から選んだ、大悲が衆生にはたらきかけようとする回向の言葉です。それを信ずる。だから、それを信ずるのは難しいわけです。我々はどうしても有限から無限を取りにいこうとするし、取りにいけることを信じようとする。こちらは、不実であり虚偽であり、無限に触れ得る能力はない。そういう凡夫のところに大悲が来て下さる。向こうからのはたらきが回向して下さる。それを信ぜよと呼びかけられても信じられない。こちらからつかまえられるまでは信じられないというのが、人間です。

でも、一念須臾と、横超は向こうから来る。こちらから行こうとするのは、竪形であり、横ざまは向こうから来る。

横は本願力を顕す。それが分からないのです。

親鸞聖人は、「雑行を棄てて本願に帰す」（聖典三九九頁）とおっしゃった。ということは、雑行は人間の努力の立場、本願は大悲の無限なるはたらき、それを信ずる。ここに立場の転換が与えられるわけです。だから、「たまたま行信を獲ば、遠く宿縁を慶べ」（聖典一四九頁）と総序でおっしゃるのです。本当にこちらから求めて得られないものが、たまたま与えられる。それに値遇する。これは難中の難であるというふうにもおっしゃるわけです。

そういう事実が本願成就の事実なのです。本願成就の信心は、「聞其名号　信心歓喜　乃至一念」なのですけれど、これがなかなか成り立たない。本願を聞くとは、本願の生起・本末を聞くのです。この生起・本末を聞くということが、よく頷けないのです。

無限の側が、有限にはたらこうとして、法蔵菩薩を名のって、兆載永劫の修行を通して、衆生の中に真実信心を立ち上がらせようとはたらき続けるのだと教えて下さる。けれども、それが私の上には成り立ってこない。成り立ってこない立場で解釈するのではなくて、成り立ったならば、こうだと、成り立ったならば欲生心成就なのだと親鸞聖人は仰せられています。

欲生心成就ということは、如来の至心回向のはたらきが、ここに成り立つということなのです。そうすれば、我々が願生するのでなくて、我々が因の位に立ったら、もうそのままが果の位なのだとおっしゃるのです。

「願生彼国　即得往生　住不退転」、我々は、信を得れば不退転に住する、正定聚に住する。だから、この今の有限なるいのちのところに本願成就の信心に出遇うということが起こるのです。「たまたま浄信を獲ば、この心顚倒せず、この心虚偽ならず」（聖典二一二頁）と「信巻」の初めに親鸞聖人は註釈されます。たまたまなのです。遇うという字を「たまたま」と親鸞聖人は、読ませるのです。遇うという字、偶然の偶と遇という字は同じ意味を持っているのでしょうけれど、あえて遇うという字を遇《たまたま》と読ませるのです。だから遇うということは、遇えないはずのものに遇うのです。

無限の中にあって、有限存在として生きている。有限存在は、無限を外に求めても出遇えない。有限にとっては、有限の情況でしかものを考えられない。体験できるものは、有限の状態ですから、無限ということは分からないのです。無限をつかまえに行ってもどこにもない。量の多いことは分かるけれど、量の多いことは無限ではない。無限というのは、とにかく限りがないのですから、我々からは分からない。分からないことを無限という。だからアミター（amitā）の名前、無量寿・無量光というのは、我々がつかまえに行って出遇える光や寿ではないわけです。にもかかわらず、無限の中に有限として我々は与えられてあるのだと自覚する時に、無限と出遇う。

無限の側からのはたらきに出遇う。大悲の側からのはたらきに出遇う。これはこちらから求めて、こういうものだとつかまえに行ったら、絶対に出遇えない。有限の形でしか出遇えない。我々は、外に求めますから、だから方便として無限なるものを有限の形として一応立てて我々に呼びかけるのです。それが本尊とか、名号というものでしょう。

それは無限が有限の形になった、それを方便法身というのです。方便して、方便してということは、無限が無限のままでは、有限にははたらきようがないから、有限の形の中に一つの表現の形をとって無限が呼びかける。それにおいて我々は、直接無限には触れられないけれども、無限に出遇い得る接点をいただく。こういうことにおいて、与えられる利益を親鸞聖人は「横超断四流」とおっしゃるわけです。

四流というのは、生老病死だと言われて、「横超断四流釈」の段で四流を釈しておられます（二四三～二四四頁）。

また、四流というのは、四暴流であると。濁流というか、暴流ということは、我々の力で止められるような流れではないということです。

我々の力では止められないし、選べないし、とにかくぶつかったら流されて死んでしまうような流れなのだけれど、それを截《き》るようなものが与えられる。それが横超として与えられる。これも、不思議なことだと思うのです。我々は、有限な情況、相対有限なあり方でもがいていくしかない。まだ足りないとか、まあ、このくらいやっておけば良いだろうとかというところで満足しているしかない。そういう相対有限の情況を破って、無限なるものと出遇うということは、相対的な上下だとか、出来不出来だとか、成功不成功だとか、そういう価値判断と違う平等の意味、平等の利益と出遇う。そうすると、まあ、この程度で良いかという満足ではなくて、もう絶対満足、この与えられた情況はこれしかない。ここまでやってこれしかないということを相対的に満足するのではなくて、これが無限の大悲のはたらきであったと感謝できる。

そういう翻り、これが横超の利益、念仏の利益なのだろうと思うのです。念仏者は、どこかでそういう利益を感じながら、上手く表現できなくても、念仏して生活をしている人には、そういうおもむきがあります。

私は、宿業因縁で、こういう命だけれども、これで十分です、と。こういう頷きと、「南無阿弥陀仏」と共に、これがもうちょっとどうにかなったら十分だと言うのではなくて、もう、この相対有限の苦悩の情況、実存情況がそのままで念仏に出遇うということにおいて、無限大悲のはたらきを受け止めたということにおいて、意味転換が起こる。これが念仏生活だろうと思うのです。それは、ある意味でこの世を超えるという意味を持つわけです。横超断四流という意味を持つわけです。

そういうことが、至心回向以下を欲生心成就とおっしゃる意味でしょう。欲生心成就の上に我々がもう一回願生するのではなくて、欲生心として呼びかけた勅命が「聞其名号　信心歓喜」ということが成り立てば、そこにもう成就する。だから、「信の一念」の内実が至心回向以下として語られているのです。

## 如来回向の欲生心は能信の根拠

至心回向以下は、如来の回向です。だから、前にも出しましたけれど、和讃に、

如来の回向に帰入して　願作仏心をうるひとは
自力の回向をすてはてて　利益有情はきわもなし
（聖典五〇二頁）

とおっしゃるのです。

あれは、自分で願作仏心を持ったり、度衆生心を持ったりするのではなくて、如来の回向の中に、願作仏心・度衆生心を満足して、我々にはたらいて来る。

我々は、それに帰託して、その願力を信ずるということにおいて愚かな凡夫の生活の中に無上功徳をいただけることを信ずる。そこから本願力が自然にはたらいていく。

曽我先生は、信心も回向の信心である。名号も回向の大行だけれども、信心も回向の信心である。つまり、自分で獲得しようとして獲得できる信ではない。我々の心は、どこまでもそれに反逆する、大悲に反逆するような小さな心でしかない。そういう自力の心しかないのだけれども、その心に回向の信心、本願力が成就するような信心が起こるのだと。

だから、どこまでも与えられた信心である、お与えの信心であるという面を持つと。ここまでは、金子先生も同じなのです。

ところが、曽我先生は、しかし、信心に欲生ということがある、と。この欲生はどこまでも能動性だと。如来の能動性だけれども、信心の側に能が来る、と。能発菩提心とか、能という。受身形というのは、どこまでも大悲からはたらくものをこちらは受け止める。受け止めるから光に照らされるとか、受身形で表現されるのです。

全部が受身形かと言うと、受身形を受け止めるところに能動性が動かなければ本当の受動性も成り立たない。受動性の中に本当の能動性が動き出すというのが、如来の欲生心だとおっしゃるのです。欲生心があるというところに、信心が能信と言える意味を持つというふうにおっしゃったのです。

ここは、なかなかデリケートだなと思うのですけれど、大行はどこまでも如来回向の大行です。こちらが力を加えるとか、大きく発音するとか、そういうことは無意味なのです。そうではない、我々は行に出遇う。つまり名号それ自身が如来選択のはたらきであると信ずる。信ずるということは、これも如来のはたらきなのだけれども、その信の中に欲生があるということが、大事だということを曽我先生はおっしゃるのです。

私にとっては、このことをなんとか自分の中に納得しなければならないという思いがあるのです。能動性を凡夫の位で主張すると、これは自力になるわけです。自力の能動性ではなくて、如来の能動性とはどういうことなのか。つまり、如来の能動性を信ずる。信ずることの中に、如来の能動性があるという。

これを曽我先生は、「法蔵菩薩、我となる」と表現されるのです。しかし、我は法蔵菩薩ではない。法蔵菩薩は我となる。法蔵菩薩が我となるということは、我となった法蔵菩薩はじっとしていないわけです。だから曽我先生は動き出すわけです。でも、私が動いているのではない。法蔵菩薩が我となって、我となった法蔵菩薩は、自我が法蔵菩薩になったのではない、と。何かそういうふうに言わざるを得ないほどの違いなのです。

凡夫の位と仏の位は位が違うのだけれども、その二つが全然関係がなければ宗教生活は成り立たない。宗教生活は、まったく違うものが、どこかで出遇うという事実を生きる。「南無阿弥陀仏」を生きるということは、如来のはたらきと凡夫が生きることが、そこに出遇っているということにおいて成り立つのです。

こういうことが、何か非常に大事なものを含んでいると思いますのは、金子先生という方は、どこまでも受身形、受身形と表現されたけれど、意外と受身形と言っておられる金子先生自身が非常に元気なのです。どこからその元気は出て来るのか、元気もいただいたものだというかも知れませんけれど、何かそのいただいて出てくる元気を表現するということが、金子先生からはあまり感じられない。でも、生き様は、言葉としては言わないけれども非常に能動的なのです。

曽我先生はそれを何とか表現しようとする。だから、私どもからすると曽我量深先生に魅力を感ずるのです。良く分からないのだけれども、何か言おうとしている、その問題が響いてくるのです。ですから曽我先生のものを読んでいて、分からないけれども、分からなくても、もう一回読んでみようという力が与えられてくる。

親鸞聖人もそうです。分からないのだけれど、謎があるのだけれども、分かってしまったというふうにはいかないけれど、何か凡夫がこういうものに出遇えるのだということを呼びかけて下さっているのです。

そういうことで、今回は、欲生心というところをお話させていただいて、欲生心成就というふうに親鸞聖人がおっしゃっている、この至心回向以下が、至心回向だけが如来の回向で、願生彼国からまた我々が願生してというふうに読むのではなくて、至心回向以下は、乃至一念という「信の一念」の内容を、至心回向の内容、至心回向は、親鸞聖人は仮名聖教で、「至心回向は名号の回向なり」(聖典五三五頁)と、おっしゃっているのです。

至心というのは、「名号を体とする」(聖典二二五頁)と「信巻」でおっしゃるのですが、名号の回向のもとに信を開いて来たならば、正定聚という利益を感ずる。正定聚とは何であるかということも、これが大問題ですけれど、我々の煩悩の命が単に煩悩の命ではなくて、これが仏法を証明する意味を持つという。凡夫であるということが、単なる否定概念ではなくて、凡夫である事実がかたじけなくも仏法を生きる身にさせてもらえるという。そういう積極的な意味を持つことが、正定聚と親鸞聖人がおっしゃる意味だと思うのです。

だから、現生に愚かな身で、罪業の身で、本当にそれだけだったら立つ瀬のないような命であるにも関わらず、本願力の教えを信ずるなら、この愚かな身が、「お前は必ず仏になるのだ」と呼びかけて来て下さる。

だから、凡夫だから駄目だとか、煩悩の生活だから駄目だとかいう否定概念だけではなくて、もちろん仏教は我々の濁世の生活を肯定するわけではありません。そのまま肯定するのではないのですけれども、否定するのですけれども、否定されることを通してそれを引き受けて生きていける。あたかも菩薩が還相回向するように、我々はこの煩悩の命を場所として、念仏を生きていける。こういうことが、本願力の往還二回向のはたらきを念仏にいただくということが持つ意味ではないかなと思うのです。自分でするのではない。自分は、ただいただくのみです。いただくのみなのだけれども、如来の回向に値遇するという形で、如来の欲生心成就のはたらきをいただいていける。

こういうことが、親鸞聖人がおっしゃろうとする「信巻」の大きな意味なのではないかと思うのです。

大変難しい所です。ここまで言って良いのかなと思うぐらいのところなのですけれど、でも、読んでみると親鸞聖人は確かにそうおっしゃっているに違いないのです。今までの学者がそう解釈していないだけの話で、親鸞聖人はそこまでおっしゃっているわけです。我々が凡夫のままで浄土に生まれたなどと、そのような馬鹿なことを言っているわけではない。浄土と教えられる功徳は、本願の功徳ですから、その本願の功徳を本当にいただけるかどうかは信心にかかるのです。信心を得るかどうかが勝負なのです、その信心も如来の回向なのです。如来の回向と信じて本当に信心をいただくならば、もうそれからどこかへ行ってたすかるのではない。もう、それが救いなのです。それが「信の一念」という意味です。時剋の極促という意味です。

そういう利益を呼びかけて下さっていることが、現生正定聚という意味だろうと、私はいただいているのです。

大変難しいところですが。親鸞聖人の教えて下さる極意のところですから、そう簡単に、ああ、分かったと言うようなものではないとは思うのですけれど、何か、そういう方向で親鸞聖人の教えを読み直していただけたらと思うことです。

お話はここまでにいたしましょう。

（日時：二〇一四年八月三十一日　場所：箱根湯本　ホテル河鹿荘）

## 初出一覧

第一講

二〇一二年一泊研修会　「金剛の真心」

日時　二〇一二年八月二十五・二十六日

場所　箱根湯本　ホテル河鹿荘

講師　本多弘之師

第二講

二〇一三年一泊研修会　「真実信心の根底」

日時　二〇一三年八月三十一日・九月一日

場所　箱根湯本　ホテル仙景

講師　本多弘之師

第三講

二〇一四年一泊研修会　「回向の欲生心」

日時　二〇一四年八月三十・三十一日

場所　箱根湯本　ホテル河鹿荘

講師　本多弘之師

**本多弘之**（ほんだ　ひろゆき）
1938年、中国黒龍江省に生まれる。1961年、東京大学農学部林産学科卒。1966年、大谷大学大学院修了。大谷大学助教授などを経て、現在、親鸞仏教センター所長。真宗大谷派本龍寺住職。
著書に、『大無量寿経講義』全３巻、『親鸞教学』（以上、法蔵館）、『〈親鸞〉と〈悪〉――われら極悪深重の衆生』（春秋社）、『浄土――濁世を超えて、濁世に立つ』全３巻（樹心社）、『新講 教行信証』（草光舎）、『根本言としての名号』（東本願寺出版部）など多数。

親鸞と救済

二〇二四年　五　月二十日　第一刷発行

著　者　本多弘之
発行者　小林公二
発行所　株式会社 春秋社
東京都千代田区外神田二―一八―六（〒一〇一―〇〇二一）
電話（〇三）三二五五―九六一一　振替〇〇一八〇―六―二四八六一
https://www.shunjusha.co.jp/
印刷所　信毎書籍印刷株式会社
製本所　ナショナル製本協同組合
装　丁　美柑和俊
定価はカバー等に表示してあります。
2024 © ISBN978-4-393-16312-2